지식 크리에이터로 사는 법

-1인 기업 라이프

블로그로 시작해 수익을 창출하는 1인 기업가로 가는 과정

지식 크리에이터로 사는 법

1인 기업 라이프

서지은 지음

인간사랑

차례

3장 브랜딩 구축하기

4장 수익 시스템 만들기

5장 1인 기업가 생존노하우

6장 예비 1인 기업가를 위한 10가지 질문

Prologue

"서지은 소장님~ 저도 소장님처럼 살고 싶어요."

"저도 제가 좋아하는 일을 업(業)으로 만들어 진짜 내가 원하는 삶을 살아 보고 싶어요."

"어쩔 수 없이 먹고 살려고 회사에 다니고는 있는데, 시간과 돈을 맞바꾸는 기분이에요. 10년 넘게 직장생활 했는데 돌아보니 남는 게 없네요. 진짜 내 인생은 사라진 기분이에요. 지금이라도 내가 좋아하는 게 뭔지 찾아보고 싶어요."

1인 기업가로 일하며 내가 참 많이 듣는 이야기이다. 자기계발 블로그를 운영하고 있는 나는 처음에는 댓글로 상담을 해드렸다. 그러다가 카톡이나 문자로 조언을 해드리기도 했고, 직접 만나거나 모임에서 노하우를 나눠드리기도 했다. 그리고 이제는 그 이야기를 책으로 나눠보려 한다. 이 책에는 아무것도 가진 것 없었던 내가 어떻게 무자본으로 사업을 시작해서 1인 기업가가 될 수 있었는지, 그리고 어떻게 직장인 때보다 더 많은 수익을 내며 살 수 있게 되었는지에 대한 모든 노하우가 담겨 있다.

'일은 그냥 일일뿐이지, 일에 의미를 부여하기 시작하면 골치 아파져.'라고 말하던 상사가 기억난다. 본인의 시간을 죽이고, 세월을 죽이고 삶을 죽이던 직장상사의 모습을 보면서, 내 미래가 그러할까봐 두려웠다. 내 청춘을 바쳐 직장생활을 한다 해도 언제든지 위태로워질 수 있는, 조직에서의 내 존재를 여실히 느끼게 되었다. 치열한 경쟁에서 살아남아 은퇴까지 조직에 남는다 할지라도 은퇴 이후 그 경력을 살리는 사람을 주변에서 보지 못했다. 모두가 다 퇴직금으로 카페나 치킨집을 차렸다. 경력이 쌓였다고 하는데, 40년 경력을 채웠어도 은퇴 이후에는 그 경력을 내세울 데가 어디에도 없었다. 치킨집을 차리는데 대기업 30년의 경력은 아무런 쓸모가 없었다. 120세 시대라고 한다. 60세에 은퇴해서 운이 좋아 치킨집을 차릴 정도의 자금이 있다 한들 남은 60년을 어떻게 버틸 수 있을지 상상할 수 없었다.

내 자리는 내가 만들기로 결심했다. 그때부터 나를 알아가기 시작했다. 나를 공부했고, 나와 만나는 여행을 떠났다. 내가 무엇을 좋아하는지, 내가 무엇을 잘하는지, 또 어떤 일을 할 때 행복함을 느끼고 즐거움을 느끼는지 철저히 혼자가 되어 공부했다. 독서를 하고 글을 쓰고, 질문을 하며 나를 알아가는 시간을 만들었고, 그 결과 내가 원하는 삶의 방향과 업의 방향을 선택할 수 있게 되었다.

좋은 시대다. 좋아하는 일을 하면서 돈도 벌 수 있는 시대가 있었던가? 어쩔 수 없이 월급 받으려고 하는 일 말고, 내가 진짜 좋아하는 일을 하면서 직장인일 때보다 더 많은 수익을 낼 수 있는 시대. 우리는 이런 업의 형태를 1인 기업가라 부른다.

누구나 할 수 있지만 아무나 할 수 없는 것이 1인 기업이다. 이 책은 1인 기업을 준비하는 예비 1인 기업가에게 도움이 되는 책이다. 특히 "지식"을 기반으로 비즈니스 모델을 만들고자 하는 독자들에게 많은 도움이 될 것 이다.

'나 같은 사람도 할 수 있을까?'라고 생각하는 독자들에겐 따뜻한 용기를 주고, '대충해도 유명 유튜버처럼 뜰 수 있겠지?'라고 가볍게 생각하는 독자들에겐 1인 기업가의 가볍지 않은 현실까지 드러내는 책이 될 것이다.

1인 기업가의 생존기뿐만 아니라 이 책을 넘기며 무엇보다 '나 자신'에 대해 알아가는 시간이 되었으면 한다. 나는 누구이고, 내가 좋아하는 것은 무엇인지, 그리고 그것을 어떻게 콘텐츠로 만들고 비즈니스화 할 수 있는지 말이다. 이 책을 읽고 있는 당신 자신에게 집중할 수 있는 시간으로 채워지길 바란다.

수십 번 엎고, 다시 쓰고를 반복하는 긴 터널을 지나는 동안에도, 책의 실체가 보이기 전에도, 빛을 보게 될 이 작업을 응원해주고, 기대해주신 가치성장연구소의 모든 멤버들, 나와 인연을 맺은 모든 분들에게 이 지면을 빌어 고마움을 전한다. 무엇보다 나의 책이 아니라

'우리'의 책이 세상에 나오게 되어 참으로 기쁘다.

이 책이 나올 수 있게 나를 위해 늘 기도로 함께 힘을 보태주시는 엄마, 아빠에게 감사의 말씀을 전한다. 어렸을 때 아빠와 함께 서점 데이트를 했을 때가 아직도 기억에 생생하고, 아빠의 넓은 서재에서 아빠의 책을 한 권씩 꺼내 읽던 시절이 행복했기에 책을 쓰고 싶다는 꿈을 꿀 수 있었다. 60세가 되어도 아직도 세미나 가는 전날 밤이면 설레서 잠이 오지 않는다고 말씀하시는 배움의 열정이 가득한 우리 엄마. 그리고 그런 엄마 아빠의 지적 즐거움에 대한 DNA를 그대로 물려받을 수 있도록 우리 가족과 우리 집안의 모든 DNA를 만드시고, 0.1%의 오차도 없이 내 모든 삶을 인도하시는 하나님 아버지께 모든 영광을 드린다.

마지막으로 내사랑 밤비와 이 기쁨을 나누고 싶다. 내가 작가의 꿈을 꿨던 그 순간부터 작가의 길에 도전하며 힘들어했던 모든 순간에 내 곁을 지켜주던, 나의 영원한 뮤즈 밤비에게 고마움을 전한다.

1장

1인 기업 라이프

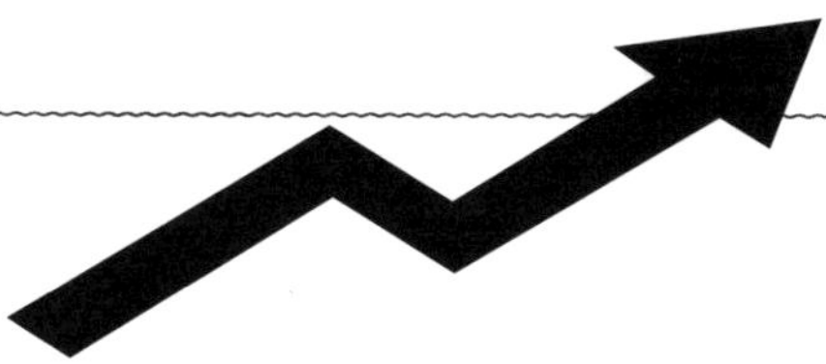

1인 기업가란?

1인 기업가라면 무엇이 떠오르는가? 말 그대로 혼자서 운영하는 기업이나 본인이 좋아하는 일을 하는 사람이라는 생각이 드는가? 1인 기업은 1인이 운영하는 기업도 맞고, 본인이 좋아하는 일을 하는 사람도 맞다. 그러나 가장 중요한 부분이 빠져있다. 바로 수익적인 측면이다. 본인이 좋아하는 일을 '수익'과 연결시킬 수 있어야 '업(業)'이 된다. 아무리 좋아하는 일이라 해도 그냥 혼자서 좋아하고 즐겁기만 하다면 그것은 단순히 취미에 지나지 않는다. 그러나 본인이 좋아하는 일을 수익과 연결시켜 다양한 비즈니스모델로 구축할 수 있다면 그 형태가 1인 기업의 형태가 되는 것이다. 정리하자면, 1인 기업가란 본인의 전문성과 브랜딩을 바탕으로 비즈니스모델을 구축하는 업의 형태를 의미한다.

1인 기업가라고 해서 다 같은 일을 하는 것은 아니다. 단지 일하는 형태가 1인 기업가인 것이고, 나의 업무 분야는 지식 콘텐츠 분야이다. 다양한 분야의 비즈니스모델 중에 나는 자기계발분야에 몸담고 있다. 한 분야를 연구하고 공부하며 내가 얻은 인사이트를 다른 이들에게 나누며 함께 성장하는 범주에 있다. '지식 노동자' 또는 '창의 노동자'라는 직업군이 생겨난다면 아마 그 분야에 속하지 않을까 생각한다.

아직은 1인 기업가와 프리랜서의 범주가 혼용되는 경우가 많은데 사실 엄밀히 보면 프리랜서와 1인 기업가는 형태가 다른 분야이다. 직업의 형태라는 카테고리로 나누어보면 쉽게 이해가 될 것이다. 직장인, 자영업, 프리랜서, 1인 기업가, 사업가 등의 업의 형태라는 큰 범주에서 나눠볼 수 있는 직업의 형태이다.

특히 자주 혼용되는 프리랜서와 구분해볼 때 업을 컨트롤하는 방식을 보면 알 수 있다. 다시 말하면 일의 최종 의사 결정 권한이 누구에게 있는가를 따져보면 된다. 예를 들어 아나운서로 있다가 프리 선언을 한다면 소속 방송사뿐만 아니라 다양한 방송사의 프로그램들을 진행할 수 있게 된다. 그러나 프리랜서 아나운서가 되어도 MBC, SBS, KBS 등의 채널 간 이동만 가능한 것이고, 또 그 안에서도 프로그램마다 짜여 있는 각본, 연출가의 지시, 해당 방송사가 추구하는 이미지 등 여러 이해관계와 상위부서의 입장을 생각해서 PD의 지시에 따라 시키는 대로 일을 해야 한다. 결국 어떤 방송사를 선택할 것인지의 선택권만 나에게 있을 뿐 여전히 통제권은 나에게 없는 형태이다.

그러나 프리랜서가 아니라 1인 기업가가 된다면 판 자체를 내가 짤 수 있다. 내가 방송사를 만들 수 있게 되는 것이다. 유튜브 채널을 직접 만들어 본인이 취재한 사건을 직접 보도할 수 있다. 프로그램의 기획과 제작부터 시작해 콘티를 직접 만들고 본인이 원하는 방향의 취재를 할 수 있다. 프로그램 진행뿐만 아니라 아나운서 클래스나 컨설팅의 일을 할 수도 있고, 스피치 강연을 할 수도 있다.

프리랜서 아나운서가 되어도 일을 하는 큰 틀은 크게 달라지지 않는다. 그러나 1인 기업가가 되면 포지션 자체가 달라지고, 컨트롤할 수 있는 범주가 달라진다. 따라서 '최종 결정권한이 누구에게 있는가', '나에게 이 일의 통제권이 있는가'는 1인 기업가와 프리랜서를 구분하는 중요한 질문이 된다.

1인 기업가의 명암(明暗)

내가 좋아하는 일을 하며 수익을 만들어 살 수 있다면 얼마나 좋을까? 어떻게 보면 모든 직장인들이 바라는 로망일지도 모른다. 그러나 이 달콤한 한쪽 부분만 보고 덜컥 퇴사를 해서 1인 기업가 삶의 쓴맛을 보는 이들이 적지 않다는 사실도 알아야 한다. 모든 직업이 그렇듯이 1인 기업가도 장점만 존재하지는 않는다. 어떤 업의 형태든 간에 명암(明暗)은 존재하기 마련이다.

[그림 1]은 12월의 어느 날, 내가 하루 동안 처리했던 업무 리스트다. 비본질적인 일들로 시간을 낭비하는 조직에서 벗어나기 위해 회사를 떠났지만 1인 기업의 형태 또한 녹록하지 않은 게 현실이다.

12월 어느 날의 업무리스트

- ㅁ 원고집필 3시간
- ㅁ PPT 자료 업데이트(브랜딩)
- ㅁ 강의준비(1인 기업가 과정)
- ㅁ 1:1 컨설팅 자료 업데이트
- ㅁ 강의문제 메일 답장
- ㅁ 강연장 서치-리스트업-예약문의(서면)
- ㅁ 연구소 달력 디자인 업체연락
- ㅁ 로고 원본문의-견적문의-배송문의
- ㅁ 사업장 주소지 변경(홈텍스)
- ㅁ 세무서 문의(부가가치세)
- ㅁ 예산정리
- ㅁ 코칭 준비물 주문
- ㅁ 홍보용 카드뉴스 제작
- ㅁ 영상편집(컷-셀렉)
- ㅁ 다음팀 댓글 안내
- ㅁ 입금명단 확인 및 안내

[그림 1] 12월 어느 날의 업무리스트

1인 기업은 말 그대로 혼자 일하는 업의 형태이다. 이것은 모든 일들을 내가 스스로 처리해야 함을 의미한다. 혼자 일한다고 해서 일의 가짓수가 적어지는 것은 아니다. 한 기업의 모든 일을 혼자 해내야 한다고 하는 편이 훨씬 가깝다. 위의 표를 보면 콘텐츠 업데이트, 원고 집필, 컨설팅 준비, 강의 지원(의뢰 메일 답장, 강연장 대관, 수업 준비물 주문), 연구소 달력 디자인 업무, 사업장 주소지 변경, 세무 영역, 홍보 PPT 제작, 유튜브 영상편집, 상담 및 안내 등 수많은 일들을 해야 함을 알 수 있다. 다시 말하면 한 기업에서 진행되는 모든 부서의 일들을 나 혼자 처리하고 있다는 것이다. 그리고 대부분의 1인 기업가들은 혼자서 이 일들을 감당하고 있다.

재무팀에서 담당하는 예산관리나 세무 등을 내가 하는 것이고, 기획팀에서 담당하는 콘텐츠 기획을 내가 하는 것이고, 연구개발팀에서 담당하는 콘텐츠 연구와 원고 집필을 내가 하는 것이다. 마케팅팀에서 담당하는 SNS, 카드 뉴스, 유튜브 영상 등의 마케팅도 내가 직접 하고, 업무지원팀에서 담당하는 강의 지원도 내가 직접 한다. 디자인팀에서 하는 업무도 내가 하고, 고객상담팀에서 진행하는 안내와 상담도 내가 직접 한다. 물론 본인의 사업이 어느 정도 성장하고 수익적인 부분에서 외부 인력을 고용하거나 외주를 맡길 정도가 된다면 특정 영역은 위임을 하는 것도 하나의 방법이다.

그러나 그것과는 별개로 1인 기업가가 가져야할 대표적인 마인드는 경영자 마인드이다. 단순히 내가 좋아하는 일을 하는 취미생활이 아니라 내가 이 기업의 대표라는 기업가 마인드를 가져야 한다. 그래야 모든 부서의 일들을 체크할 수 있고, 각 팀의 운영현황을 파악할 수 있다. 그리고 여기서 그치는 게 아니라 내가 직접 그 팀을 이끌어 나가야 하기 때문에 경영자 마인드를 가져야 한다.

1인 기업가는 기업의 대표인 동시에 일의 최전선에서 일하는 팀원이기도 하다. 그렇기 때문에 기업의 숲을 볼 수 있어야 하고 동시에 나무 하나하나를 다 신경 쓰고 관리해야 하는 포지션이다. 단순히 회사가 힘들어서 퇴사를 했다면 1인 기업가는 더 힘든 업의 형태가 될 것이고, 본인이 좋아하는 일로 수익까지 만들어내는 일이 단순히 멋져보여서 이 업종을 선택했다면 단 며칠도 지속할 수 없을 것이다.

물론 장점이 굉장히 명확한 업의 형태임에는 틀림없다. 그러나 내가 감당해야 하는 무게와 책임감 또한 그에 못지않게 뚜렷하다. 그래서 단순히 대안이 없어서 시작하는 이들이라면 권하지 않는 업의 형태이기도 하다.

나 역시 회사생활을 했었고, 위의 일들을 내가 직접 처리한 경험과 지식이 있기 때문에 지금 1인 기업가로서 모든 부서의 일들을 컨트롤하며 나아갈 수 있는 것이다.

이 책은 무조건 회사를 그만둬야 한다는 내용의 책이 아니다. 무모함과 추진력은 엄연히 다르다. 이 책은 지식 콘텐츠 분야에 있는 1인 기업가는 어떤 일을 하고, 어떤 고충이 있으며, 어떻게 성장할 수 있는지의 시행착오와 노하우를 전달해 이 길을 걸어가고자 하는 분들께 조금이나마 도움을 드리려는 책이다. 그러니 한 면만 보고 막연하게 일을 저지르는 것이 아니라, 제대로 준비하고 대비해서 1인 기업가로서 첫걸음을 멋지게 걸어보자.

1인 기업을 선택한 이유

앞서 1인 기업가의 고충을 이야기했다. 그렇다면 나는 왜 1인 기업을 선택했을까? 결론부터 말하자면 그만한 가치가 있기 때문이다. 하지 않아도 될 수만 가지 이유가 있지만, 해야 하는 이유 딱 한 가지, 그리고 그것이 진짜 내가 원하는 일일 때 그 한 가지가 수만 가지를 이기는 힘이 생긴다.

내가 이 업의 형태를 선택한 가장 큰 이유는 자유가 있는 삶을 원했기 때문이다. 바로 선택에 대한 자유이다. 수없이 많은 고충이 있지만, 내가 좋아하는 일을 선택하고, 내가 원하는 장소를 선택하고, 내가 원하는 시간을 선택하고, 함께 일할 사람들을 내가 선택할 수 있다는 자유, 이 자유에 대한 가치가 그 모든 단점을 상쇄시켰다. 이것이야말로 가장 나답게 살 수 있는 유일한 업의 형태였다.

시키는 일만 꾸역꾸역 하는 노예와도 같았던 과거의 삶에서 벗어나고 싶었다. 내가 직접 리드하고, 주도하고, 기획하고, 도전하는 삶을 살고 싶었다. 퇴사를 했고, 용기를 냈고, 이 일을 시작했고, 성장궤도로 진입하기 시작했다.

청춘을 버려가며 얻는 대가로 돈을 벌고 싶지는 않았다. 내 시간과 청춘과 내 삶이 일에 투입되는 만큼 나 자신이 성장하는 삶이 되고 싶었다. "내"가 아니어도 대체될 수 있는 조직의 부속품이 아니라 "내"가 아니면 안 되는 그런 일을 하고 싶었다. "나의 일"을 하고 싶었다. 조직 안에서만 통하는 명함 말고, 조직 밖에 나와서도 '서지은'으로 당당히 서고 싶어서 1인 기업을 선택했다.

1. 1인 기업가는 어떤 일을 하는가?

나의 명함엔 '가치성장연구소 소장 서지은'이라는 이름이 찍혀있다. 그러나 나는 정말 다양한 일을 한다. 콘텐츠를 제작할 땐 기획자가 되고, 글을 쓸 땐 작가가 된다. 강의를 할 땐 강사가 되고, 프로젝트를 진행할 땐 PL(프로젝트 리더)이 되고, 영상을 찍고 편집할 땐 크리에이터가 된다. 내가 좋아하는 일들을 하나씩 하다 보니 다양한 역할이 생겨났다. 그리고 이 역할은 시간이 지날수록 가치가 높아지고 있다.

1인 기업가의 삶은 조직의 삶과는 다르다. 조직과 직책에 상관없이 내가 하고 싶은 일들을 마음껏 할 수 있고, 내가 낸 아이디어가 하나의 콘텐츠로 만들어지는 속도도 조직에 있을 때보다 비교할 수 없을 정도로 빨라서 일을 하는데 매우 효율적이었다. 쓸데없는 결재라인은 사라지고, 가장 효율적인 방식으로 일을 할 수 있는 형태는 1인 기업이 가질 수 있는 특혜이다. 무엇보다 내가 원하는 일을 할 수 있다는 게 가장 큰 장점이다. 하기 싫어하는 일을 억지로 할 필요가 없으며 내가 잘하는 영역에 집중해서 나의 강점을 살리며 커리어를 쌓을 수 있다는 게 참 매력적이다.

아침에 눈뜨면 또 회사에 출근할 생각에 머리 아픈 일상이 아니라, 아침에 눈떴을 때 내가 하고 싶은 일을 선택할 수 있는 자유가 있는 삶, 나는 내가 하고 싶은 일을 하며 사는 1인 기업가다.

2. 1인 기업가는 어디에서 일하는가?

나는 디지털 노마드족으로 노트북 하나만 있으면 어디에서든 업무가 가능하다. 카페에서 일할 때도 있고, 사무실에서 일할 때도 있고, 우리집 서재에서 일할 때도 있다. 서울, 부산, 청주, 제주도 할 것 없이 내가 있는 그곳이 사무실이 되며 장소에 제약 없이 일할 수 있다.

과거 직장 생활을 할 때는 하루 4시간씩 수원에서 혜화로 출퇴근을 했다. 매일 아침 7시, 수원에서 사당으로 가는 광역버스에 올라탄

뒤 고속도로를 달리는 한 시간을 내내 서서 갔다. 그리고 사당에 내려 4호선을 한두 번 보내고 나서야 다음 지하철에 몸을 싣고 혜화역으로 갈 수 있었다. 회사로 가는 그 시간 역시 사람들의 인파에 뒤섞이며 받는 상당한 피로감을 안고 출근해야 했다. 아직 오전 업무를 시작 하지도 않았는데, 오전 9시부터 피곤한 삶이 계속되었다. 메인 업무를 해야 할 에너지를 출퇴근길에 대부분 사용했기 때문에 당연히 체력적으로도 힘들었고, 피곤한 날들이었다.

그러나 1인 기업을 시작한 이후, 출퇴근의 피로에서부터 벗어날 수 있었기 때문에 그 4시간의 에너지를 본질적인 영역에 사용할 수 있었다. 과거와는 달리 효율적으로 일할 수 있게 된 것이다. 이동하는 시간만 줄여도 체력적으로나 시간적으로나 에너지를 비축할 수 있게 되었고, 그 축적된 에너지는 고스란히 콘텐츠를 개발하고 기획하는 업무의 본질적인 영역에 투자할 수 있게 되었다.

처음엔 집에서 일을 했다. 책상 하나를 마련해놓고, 컴퓨터를 두고 그 위에서 작업을 했고, 종종 카페에 나가 오픈된 공간에서 일을 할 때도 있었다. 그러다가 고시원을 계약해서 작업실로 사용하기도 했고, 사업이 점점 확장되면서 공유 오피스를 임대해서 사용하기도 했다. 현재는 개인 오피스를 따로 계약해 오롯이 나만의 공간을 만들어 사용하고 있다.

혼자 사는 사람이라면 집에서 일을 하는 것도 괜찮을 것이다. 아무도 방해하지 않는 나만의 공간이 있다면 처음부터 무리해서 사무실을 계약할 필요는 없다. 내 방 책상이 사무실이 되는 것이다. 출근

준비할 시간을 아껴서 바로 일에 착수할 수 있고, 언제든지 자리에 앉기만 하면 일할 수 있기 때문에 시간관리 측면에서 이보다 더 좋을 순 없을 것이다.

그러나 장기간 집에서만 일을 하다 보면 외출하는 빈도가 점점 줄어들게 되고, 그렇게 되면 건강에도 좋지 않을뿐더러 늘어지기도 하고, 슬럼프가 찾아올 때도 있다. 특히 업무공간과 개인공간이 분리되지 않는다면, 일을 해도 일하는 것 같지 않고, 쉬어도 쉬는 것 같지 않은 모순적인 상황이 발생할 수 있다. 그렇기 때문에 집을 업무공간으로 삼고 싶다면 루틴을 잘 잡고, 규칙적으로 생활을 할 수 있을 정도로 통제력을 키우는 것도 하나의 좋은 방법이 될 것이다.

가정이 있거나, 특히 아이가 있는 분이라면 되도록 집과 사무실은 물리적으로 거리를 두는 것이 좋다. 집안일이나 육아에서 완전히 분리될 수 있도록 공간을 구분해서 각각의 역할에 맞춰서 선택하고 집중하는 것이다. 집에서는 가정에 관련된 일만 하고, 사무실에서는 업무에 관련된 일만 할 수 있도록 장소를 분리시켜서 역할모드를 만드는 것이 좋을 것이다.

요즘은 공유 오피스도 시설이 정말 잘 되어 있다. 프리랜서들이 일하는데 편리한 카페도 활성화되어 있고, 고시원이나, 1인 독서실처럼 부담 없는 보증금에 나만의 사무실을 만들 수 있는 공간도 활성화되어 있으니 내 성향을 잘 파악해서 업무의 효율을 극대화할 수 있는 곳을 선택해보자.

우리 집에는 내가 연구실로 사용하고 있는 서재가 있고, 외부에 사무실을 따로 마련해서 독립된 나만의 사무공간에서 일할 때도 있다. 그리고 가끔은 카페에서 일하기도 한다.

나는 업무의 특성이나 집중도에 따라서 공간을 분리해서 사용한다. 집에 있는 내 방은 R&D룸으로 만들어서 연구개발에 집중할 수 있는 사무공간으로 만들었다. 책상과 컴퓨터 그리고 책장과 프린터기 등의 사무용품만 비치를 해놓고 업무에 몰입할 수 있는 아늑한 공간을 만들었다. 이곳에서는 오로지 집중적으로 연구해서 콘텐츠를 만들고, 원고를 쓰는 데 몰입할 수 있도록 환경을 만들어 놓았다.

외부에 있는 개인 사무실은 일과 직접적으로 관련된 업무를 위한 장소로 활용된다. 내가 그동안 외부 사무실로 이용했던 4가지 형태는 공유 오피스, 개인 오피스, 고시원, 카페이다.

먼저 공유 오피스는 쾌적한 시설, 강연장 및 미팅룸 공간 대여, 카페테리아 사용 및 각종 부대시설을 자유롭게 이용할 수 있다는 장점이 있다(물론 이 모든 것들을 자유롭게 사용하는 비용이 임대료에 포함되어 있다). 이런 공간은 다양한 기업들이 입주해있기 때문에 커뮤니티를 만들 수도 있고, 집에서만 일하는 것보다는 확실히 사무적인 분위기가 강하기 때문에 혼자 일하는 사람도 집중해서 업무를 하는데 많은 도움이 된다. 특히 강연장과 미팅룸을 사용할 수 있기 때문에 강의를 하거나, 클라이언트와의 컨설팅이 있을 땐 장소에 대한 고민 없이 편리하게 공간을 이용할 수 있다는 점은 큰 장점이다.

그러나 단점도 있다. 방음이 잘 되지 않는 사무실도 많고, 4인실, 6인실, 8인실 등 모르는 사람들과 한 공간에서 본인의 일을 하는 것이 불편할 수도 있다. 물론 1인실도 있지만 대부분 공간이 협소하며 비용적인 측면에서도 부담이 될 수 있다. 또한 최소 계약기간을 생각해야 하고, 그에 따른 보증금 및 매월 지불해야 하는 임대료가 적은 비용이 아니기 때문에 신중히 선택해서 나에게 맞는 업무공간을 확보하는 것이 좋다.

그리고 두 번째는 개인 오피스이다. 현재 내가 사용하고 있는 공간인데, 오피스텔 하나를 계약해서 가치성장연구소 사무실로 쓰고 있다. 개인 사무실의 장점은 일단 넓은 공간을 단독으로 사용할 수 있다는 것이다. 사무실뿐만 아니라 탕비실, 화장실, 회의실 모두 포함된다. 그리고 나 혼자 단독으로 사용할 수 있는 공간이 다른 사무실의 형태보다 훨씬 넓고, 쾌적한 곳에서 자유롭게 업무를 볼 수 있다는 것이 큰 장점이다. 장소를 공유하는 다른 업체들이 있지 않기 때문에 원하는 날짜에 미팅룸을 예약하지 못하는 일도 없고, 미팅룸 예약 자체가 필요 없다. 그냥 내가 하고 싶을 때 언제든 사용할 수 있다. 그리고 개인적인 업무를 보기에도 용이하다. 컨설팅이나 미팅 회의를 진행할 때에는 회의 내용이나 클라이언트 정보가 노출되지 않는 환경이 중요한데, 개인 사무실에서는 이런 부분을 편하게 진행을 할 수 있다.

반면에 개인 오피스의 단점은 역시나 비용적인 측면에서 부담이 크다는 것이다. 매월 고정적으로 나가는 월세와 관리비뿐만 아니라 사무실에 필요한 모든 집기와 가구들까지 직접 구입해야 한다. 회의용 테이블, 의자, 프린터기, 커피포트, 커피머신, 전자레인지 등 사무실에 필요한 집기들을 하나부터 열까지 모두 스스로 구입해야 한다는 단점이 있다.

개인 오피스의 두 번째 단점은 모든 관리를 내가 해야 한다는 것이 단점이 될 수 있다. 내 책상만 청소하는 게 아니라, 회의실, 탕비실, 화장실까지 모든 공간에 대한 관리를 내가 해야 한다. 물론 건물 내의 계단청소나 복도청소는 관리해주시는 분이 계시지만, 사무실 내부의 모든 공간에 대한 관리는 본인이 스스로 해야 한다.

개인 오피스의 세 번째 단점은 공유 오피스에 비해 최소 계약기간이 길다는 것이다. 단기간으로 계약할 수 있는 형태는 거의 없고 대부분 1년 계약으로 매월 월세를 지불하는 형태이기 때문에 장기적으로 바라보고 선택을 해야 하는 공간의 형태이다.

세 번째 공간은 카페이다. 익숙한 장소보다 다양한 공간에서 일할 때 창의적인 아이디어가 나올 때가 많기 때문에 가끔 편한 분위기에서 일하고 싶을 땐 카페를 이용하기도 한다. 요즘은 일반 카페 말고도 장시간 앉아서 작업을 해도 눈치 보이지 않는 스터디카페 및 시간제 카페들도 많이 생겨나고 있기 때문에 일반적인 카페보다는 좀 더 조용하고 쾌적한 시설에서 일하고 싶다면 이런 공간을 활용하는 것도 좋을 것이다.

네 번째로 이용했던 공간은 고시원이다. 세미나룸이나 강연장은 없지만, 독서실보다는 넓은 나만의 개인적인 공간에서 집중도가 높은 일을 할 때 사용했던 곳이다. 대부분 주거용으로 사용하고 있어서 굉장히 조용하고, 월 이용료가 저렴하지는 않지만 최소 계약기간이 한 달인 경우가 많아 단기간 집중해 성과물을 만들어야 하는 일을 할 때 추천하는 공간이다.

3. 1인 기업가는 어떻게 수익을 만드는가?

혼자 일을 한다고 하면 가장 많이 듣게 되는 질문이 바로 수익과 관련된 질문이다. 얼마나 버는지, 생계는 유지되는지 등의 질문을 종종 받는다. 월급처럼 매월 받는 형태가 아니라 스스로 무언가를 창조해서 수익을 만든다는 개념이 아직도 생소하게 느껴지는 분들이 많기 때문에 많이들 궁금해하는 부분이기도 하다.

여기서 명확히 말할 수 있는 것은 사람마다 수익의 편차가 매우 크지만, 제대로만 한다면 직장 생활을 할 때보다 더 많은 수익을 스스로 만들 수 있다는 것이다. 그리고 사업이 안정기에 진입하면, 일을 할수록 더 많이 버는 구조가 되고, 안정기를 뛰어넘게 되면, 적게 일해도 많은 수익을 창출할 수 있는 수익 시스템이 형성될 수 있다.

워라밸 시대를 살고 있는 우리는 더 많이 일하고, 더 많은 돈을 벌고 싶은 것이 아니다. 적게 벌어도 좋으니 내 시간을 만들 수 있는 자유가 보장되는 직장을 찾기를 원하는 사람들이 점점 늘어나고 있다. 그리고 가장 좋은 구조는 적게 일해도 많이 벌 수 있는 방법을 찾는 것이다. 하지만 직장에 다녀서는 이런 구조를 만들 수 없다.

하루 8시간씩 5일을, 정해진 장소에 출근을 해서 고정된 월급을 받으며 살아가는 게 가장 보편화된 업의 형태일 것이다. 더 열심히 일한다고 해서 월급을 더 주지도 않고, 더 많이 일한다고 해서 내 수익이 더 늘어나지도 않는 구조에서 돈을 많이 버는 것도 아니고, 그렇다고 나를 위해 쓸 수 있는 시간이 많은 것도 아니다. 이도 저도 아닌 최악의 형태가 지난 과거의 내 모습이었다. 그리고 지금은 적게 일해도 많은 수익을 창출할 수 있는 구조로 업의 형태를 변화시켰고, 안정기에 접어들어 업무를 하고 있다.

4. 1인 기업가는 언제 일하는가?

조직에 있을 땐 나의 라이프스타일과 상관없이 모든 구성원이 9시에 출근해서 6시에 퇴근하는 사이클을 갖는다. 그리고 그 누구 하나 이 사이클에 대해 이의를 제기하거나 문제 삼는 이가 없다. 내가 새벽형 성향이든, 저녁형 성향이든 상관없이 조직의 모든 구성원이 동일한 시간에 출근을 하고 동일한 시간에 퇴근을 한다. 그리고 이는 개인의 성향에 따라 업무효율을 저하시키는 데 일조한다.

그러나 1인 기업가의 사이클은 자기 스스로가 정한다. 본인이 오전에 집중이 잘되는 스타일이라면 오전 업무시간을 확장해서 업무효율을 극대화시킬 수도 있고, 밤에 집중이 잘되는 스타일이라면 저녁시간대에 집중해서 업무를 처리할 수도 있다. 1인 기업가의 일하는 시간 역시 장소와 마찬가지로 제약이 없다. 본인의 성향을 잘 파악해서 에너지가 극대화되는 시간대를 찾기만 하면 얼마든지 그 시간대에 집중해서 일할 수 있는 자유가 보장되어 있다.

업무 에너지 사이클을 날마다 관리할 수도 있고, 주별 혹은 월별로 관리할 수도 있다. 하루 중 오전시간이 집중이 잘 되는 사람이라면 새벽시간대를 활용해서 6시~12시까지 오전에 집중해서 일하고 점심부터 오후시간은 자유롭게 개인적인 일을 할 수도 있다. 주별 관리를 한다면 한주간은 Deep Work Week로 업무에 몰입하는 시간을 극대화시키기도 하고, 반면에 한 주간은 Think Week를 넣어 사색하고, 휴식을 갖는 주간을 만들 수도 있다.

뿐만 아니라 월별 혹은 분기별로 사이클을 만들어 관리할 수도 있다. 1인 기업가로 활동하는 분들 중 많은 분들이 강의와 저술활동으로 비즈니스모델을 구축하고 있는데 이 부분 역시 월 단위 혹은 분기별로 관리하기 좋은 영역이다. 강의가 많이 들어오는 봄과 가을에 집중해서 강연을 하고, 상대적으로 강의가 적게 들어오는 여름과 겨울에 몰입해서 집필활동을 하는 방식으로 유연하게 워크 사이클을 조절할 수 있다.

나는 이렇게 나에게 가장 잘 맞는 시간과 사이클, 기한을 자유자재로 선택하며 일을 하고 있다. 이렇게 일하면 다양한 에너지 자원이 효율적인 구조가 되기 때문에 조직에 있을 때보다 적은 시간 동안 일하지만 업무 성과는 높일 수 있는 결과를 얻게 된다. 남는 시간엔 충분히 휴식하고, 운동하고, 수면으로 보충하면서 에너지가 고갈되지 않도록 계속 관리할 수 있는 여유가 생기며, 이는 창의적인 아이디어로 연결되기 때문에 선순환이 이루어진다. 우리에게 있는 에너지(체력, 시간, 집중력)는 한정된 자원이기 때문에 이렇게 효율적으로 사용하는 것이 무엇보다 중요하다.

5. 1인 기업가는 어떻게 일하는가?

1인 기업으로 일하는데 있어서 가장 매력적인 부분 중 하나는 당연히 일하는 방식일 것이다. 일방적인 지시나 상명하복의 폐쇄형 구조가 아니라 내가 직접 아이디어를 내고, 바로 실행할 수 있는 오픈형 구조이기 때문에 조직에 있을 때보다 훨씬 더 많은 경험을 할 수 있다. 그리고 이 경험들은 모두 콘텐츠가 되기 때문에 시도가 성공하든 실패하든 관계없이 빠른 시간 안에 더 많은 경험을 할수록 콘텐츠는 쌓이게 된다.

지금과 같은 디지털 시대에는 규모의 경제가 아니라 속도의 경제가 주를 이루게 된다. 빠르게 변화하는 시대 속에서 살아남기 위해서는 그에 맞는 속도가 필요하다. 과거에는 덩치가 큰 기업이 독점하는 시대였지만, 지금은 스타트업으로 시작해도 크게 성장하는 기업들이 많이 생겨나고 있다. 그만큼 빠르게 변화하는 시대의 흐름을 타고, 그 흐름에 맞는 속도와 기동력을 갖추고 유연하게 대처하는 기업만이 살아남는 시대가 되었다. 완벽한 계획만을 쫓다가는 역사의 뒤안길로 묻혀버리고 만다. 일단 실험하고 시도해서 빠른 피드백을 얻는 게 지금 시대가 원하는 방식이다. 컨퍼런스 하나를 기획해도 준비하는 몇 주 동안 주제 자체가 바뀌어버릴 수도 있는 게 지금의 시대인데, 언제까지 상사의 결재만 기다리고 있겠는가.

유연하게 대응할 수 있는 이런 측면 덕분에 1인 기업형태는 업무 효율적인 면에서 탁월하다. 누구의 눈치를 볼 필요도 없고, 라인을 탈 필요도 없고, 상사나 상위부서의 컨펌을 기다릴 필요도 없다. 고객의 요청에 빠르게 응대할 수 있고, 지속적인 피드백으로 보완된 콘텐츠가 만들어질 수 있는 구조이기 때문에 속도전에서 강한 업의 형태가 된다.

6. 내가 원하는 방식으로 일할 수 있는 형태

나는 나에게 가장 최적화된 스타일과 툴을 이용한 업무시스템을 확보하고 있다. 나는 디지로그 스타일이다. 디지털과 아날로그 중 어느 한 가지만을 선택하는 스타일이 아니라 나에게 맞는 시스템과 도구들을 상호 보완해서 사용하는 스타일이다.

창의적인 일을 할 때에는 다양한 아이디어가 발산될 수 있도록 창의적인 공간에서 손으로 메모를 하며 아이디어를 만든다. 사무실 안에서만 일하는 게 아니라, 밖에 나가서 산책도 하고, 영화를 보기도 하고, 집에서 예능을 보기도 한다. 물론 영화를 보는 것과 예능을 보는 것 모두 업무시간에 하는 일이다. 이렇게 다양한 환경에서 얻은 인

사이트를 아이디어로 만들기 위해 만다라트 기법을 이용하기도 하고 마인드맵 기법을 이용하며 아이디어를 구조화한다. 생각을 발산할 때는 보통 손글씨로 많이 쓰는데, 천천히 써야 뇌가 생각할 수 있는 시간을 만들 수 있기 때문에 아이디어 단계에서는 직접 손으로 기록하는 아날로그 방법을 많이 이용한다.

반면에 생성된 아이디어들을 문장으로 만들고 영상으로 만들고, 강연으로 만들기 위해서는 다양한 디지털 도구들을 이용한다. 자료를 검색하고 정리하고 분류하는 작업이 꽤 중요한데, 나의 경우 에버노트와 워크플로위, 마인노드를 사용하고, 영상은 프리미어프로를 사용하며 편집작업를 한다. 내가 사용하고 있는 프로그램 툴도 나에게 가장 잘 맞는 도구를 선택해서 사용할 수 있기 때문에 일을 할 때 매우 효율적이다.

나는 조직에서 일하는 게 아니기 때문에 누군가에게 압력을 받지 않고, 이해관계가 얽혀있지 않다. 따라서 가장 손쉽고 빠르게 업무를 진행할 수 있도록 나에게 가장 잘 맞는 프로그램을 내 마음대로 활용하며 업무를 진행한다.

사용하는 프로그램뿐만 아니라 일을 진행하는 루틴도 나에게 최적화된 구조를 만들어서 일하고 있다. 예를 들어 상담업무나 안내업무도 내가 원하는 시간대에 일괄적으로 진행하고 있다. 쓸데없는 전화업무는 대폭 줄이고, 대신에 몰입하는 시간을 만들어 콘텐츠를 기획하고 제작하는, 본질적인 곳에 많은 시간을 많이 투자한다. 조직에 있을 때 가장 힘들었던 부분이 이 점이었다. 전화업무가 유독 많은 부서에서 일을 했기 때문에 업무에 집중할 시간 없이 계속 걸려오는 문의전화 때문에 업무의 질이 떨어질 때가 많았는데, 지금은 이 부분을 스스로 컨트롤 할 수 있어서 주객전도되는 일이 없어서 참 행복하게 일하고 있다. 뿐만 아니라 업무의 흐름이 끊기지 않음으로 인해 내가 얻은 잠재적인 성과와 이익은 조직에 있을 때와 비교할 수 없다.

7. 1인 기업가는 누구와 일하는가?

1인 기업가는 보통 혼자 일하는 시간이 많다. 그러나 협업을 하기도 한다. 외주를 주기도 하고 계약을 통해 전문가의 도움을 받기도 한다. 한정된 에너지를 가지고 내가 가장 잘하는 일에 집중하기 위해 상대적으로 덜 중요한 일은 위임을 하는 것이다.

그리고 이 부분에서도 내가 원하는 업체를 선택할 수 있는 자유가 주어진다. 보통 직장에서는 부품 하나 구매할 때에도 입찰을 통해서 업체를 선정하게 되기 때문에 직원의 입장이 반영되기 쉽지 않다. 모든 것들이 매뉴얼로 되어 있고, 그 조건에 맞춰서 계약이 이루어지기 때문에 개인의 의사가 반영될 여지는 매우 적다.

그러나 1인 기업가로 일을 하게 되면 프로그램을 구입하거나 비품을 구입할 때에도 내가 원하는 제품을 구입할 수 있고, 업체를 선택할 때에도 이해관계(자회사, 계열사 등)에 상관없이 자유롭게 진행할 수 있다.

그리고 직장 동료와의 관계적인 측면도 보다 자유롭다. 직장인들이 가장 스트레스를 많이 받는 원인이 업무량, 일에 대한 만족도, 연봉이 아닌 직장동료 및 상사와의 관계라고 한다. 조직에서 일을 하다 보면 일에서 받는 스트레스보다 관계적인 측면에서 오는 스트레스로 인해 업무의 성과저하로 이어질 때가 많은 것이 사실이다. 이런 측면에서 봤을 때 혼자 일하는 업의 형태에서는 쓸데없는 감정싸움으로 에너지가 낭비될 일이 거의 없기 때문에, 스트레스도 대폭 줄고, 좀 더 건강한 에너지를 업무에 투자할 수 있는 선순환이 이루어지게 된다.

1인 기업은 트렌드다

트렌드는 흐름이다. 흐름은 이미 정해진 방향대로 흘러간다는 것을 뜻한다. 거스를 수 없는 것이다. 짧은 기간 동안 일시적으로 나타나는 유행인 "패드"가 아니라 거스를 수 없는 방향으로 흘러가는 것이 바로 트렌드이다. 갑자기 하늘에서 뚝 떨어진 것이 아니라 수많은 점, 선, 면들이 교차해서 만들어진 하나의 길이며, 그 길은 시간이 지날수록 점점 더 그 파이가 커지게 된다.

지금은 1인 전성시대이다. 혼밥, 혼족, 혼공, 혼술이 등장하더니 어느 순간 1인 가정이 대세가 되었고, 그 흐름들이 모여 1인 미디어, 1인 셀러, 1인 마켓, 1인 크리에이터, 1인 출판, 1인 기업의 다양한 사회분야에 영향을 미치기 시작했다. 그리고 이 흐름은 점점 더 거세질 것이다. 1인 미디어의 등장과 디지털의 발달, 그리고 혼자가 좋다는 시대적인 분위기까지 더해져 이제는 업의 형태까지 영향을 미치는 하나의 흐름이 만들어지게 되었다. 향후 이 트렌드는 점점 더 확장될 것이다. 왜냐하면 지금은 4차 산업혁명 시대이기 때문이다. 점점 더 스마트한 인공지능이 만들어지는 시대에 시키는 일만 열심히 하는 사람은 결코 이 시대에 살아남을 수 없을 것이다.

앞으로는 조직이나 직함을 나타내는 "직"보다도, 일을 통해 축적된 본연의 힘을 나타내는 "업"이 더욱더 중요한 시대가 올 것이다. 그리고 이러한 "업"의 시대에 중요한 것은 특별한 지식과 경험을 바탕으로 본인만의 콘텐츠를 만들어내는 일이다.[1]

기업은 앞으로 점점 더 많은 인원을 감축하게 될 것이다. 중간관리자들뿐만 아니라 일반 사원들까지 그 누구도 이 흐름에서 자유로울 수 없다. 왜냐하면 조직은 원래 이윤을 추구하는 목적을 지닌 구조이기 때문이다. 당연히 같은 조건이면 저렴한 업체를 선택하려고 입찰을 하는 것처럼 말이다. 그리고 이 원리는 사람에게도 적용될 것이다.

기업 입장에서 보면, 직원에 비해 훨씬 더 말도 잘 듣고, 노조도 만들지 않고, 야근이나 주말특근을 시켜도 불평 하나 하지 않는 인공지능을 선택할 것이다. 심지어 인공지능은 인간보다 훨씬 스마트하다. 1초에 책 100만 권을 읽고 스스로 소화하는 능력을 지닌 인공지능을

1 《매일경제》, 2017.05.11 "나를 스토리텔링하세요 … 그것이 삶의 매력자본."

선택하지 않을 이유가 전혀 없다. 기업에서 발생하는 비용 중 가장 큰 부분을 차지하는 영역이 인건비인데, 직원 월급과 비교했을 때 프로그램이나 인공지능, 시스템 유지, 관리, 보수 비용이 훨씬 더 저렴하다. 당신이 기업 오너라면 어느 쪽을 선택하겠는가? 기업이라고 다른 선택을 하겠는가?

이런 질문은 비단 사무직에만 적용되는 것이 아니다. 의료계에서는 벌써 의료 인공지능이 도입되었고, 의료 인공지능 로봇과 주치의가 다른 처방을 내렸을 때 어떤 선택을 할 것인가에 대해 사람들은 인공지능을 선택했다. 법률도 마찬가지이다. 사람이 일일이 읽고 생각하고 분석해서 결정해야 하는 법률분야에서도 인공지능은 1초 만에 판례 10억 장을 읽고 분석할 수 있는 능력을 가지고 있다. 러시아에서는 인공지능이 쓴 소설이 베스트셀러가 되기도 했고, 영국 가디언에서는 로봇이 편집장을 맡은 경우도 있었다.[2]

이런 시대로 들어갈수록 점점 더 인간만이 할 수 있는 영역은 부각될 것이고, 그것은 또 다른 힘이 될 것이다. 그리고 그 능력은 스스로 생각할 수 있는 힘인 창의력으로 귀결될 것이다.

시키는 일만 열심히 해서는 아무 의미가 없다. 회사에서 내 자리가

---

2 법률 인공지능: 《조선일보》, 2018.10.01 "1초만에 10억장의 판례 분석 리걸테크, 법률시장 판도 바꾼다."
의료 인공지능: 《조선일보》, 2017.01.12 닥터 왓슨과 의료진 항암처방 엇갈리면… 환자 "왓슨 따를게요."
문학 인공지능: 《이투데이》, 2016.03.10 "인간이 한다면 나도 합니다."
언론 인공지능: 《이투데이》, 2016.03.10 "인간이 한다면 나도 합니다."

사라지는 건 시간문제이다. 물론 요즘 기업에서도 창의적 인재를 원하고, 창의적인 아이디어를 위해 다양한 방법과 교육을 진행하고 있지만, 아무리 자유로운 분위기여도 조직은 조직이다. 이미 짜여진 판 안에서 창의적인 아이디어를 내놓는 사람이 아니라, 판 자체를 내가 새로 짤 수 있는 사람, 지금 시대는 그런 인재를 원한다. 이것은 창의성 중에서도 차원이 다른 문제이다. 아무리 개방적인 채널이라 해도 정규방송국은 어쩔 수 없는 방송국이다. 유튜브와 같을 수 없는 원리이다. 독창적인 아이디어와 크리에이티브한 도전들은 환경과 상황의 제약이 없을 때 탄생할 수 있다. 그리고 이 과정들이 반복될 때 아이디어들은 다듬어지고, 콘텐츠가 될 수 있다. 그리고 이것을 실현하기 위한 가장 좋은 업의 형태가 바로 1인 기업이다.

지금은 속도의 시대이다. 규모가 아니라 속도로 경쟁하는 시대가 왔다. 덩치 큰 기업들도 유연하게 팀을 꾸려 재빠르게 프로젝트에 착수하고 진행해서 완료하는 시스템을 도입했고, 구글마저도 "철저한 계획 대신 재빠른 실험"[3]을 토대로 기업을 운영하고 있다. 기존의 대기업에서 일했던 것처럼 60년을 내다보고 제품을 생산하는 시대는 이제 끝났다. 아이디어의 유효기간이 3주도 채 되지 않는 분야가 있을 정도로 빠르게 변화하는 시대이다. 그리고 이것은 부인할 수 없는 시대의 흐름이다. 최근 스타트업과 1인 기업과 프리랜서가 기하급수적으로 성장하고 확장되는 것을 보면 알 수 있다. 창의적인 아이디어와

---

3 "철저한 계획 대신 재빠른 실험 … 그게 구글이 일하는 법." 《매일경제》, 2018.07.06.

효율적인 업무방식으로 빠르게 콘텐츠를 개발하고 가치화해서 기회를 주도하는 1인 기업의 형태는 앞으로 그 영역이 더욱 확장될 것이다.

2장

나만의 "업" 만들기

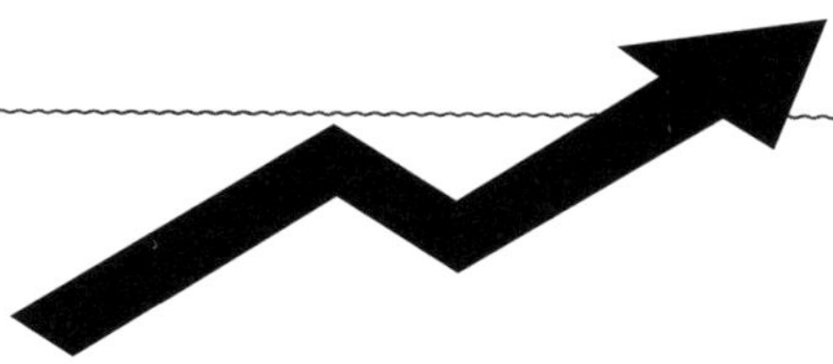

업의 시스템

나만의 업을 만들고 싶다면 가장 먼저 업의 시스템을 구축해야 한다. 주먹구구식으로 일을 하는 게 아니라 가장 효과적이고 효율적인 시스템을 만들어서 일을 해야 1인 기업가로 성공할 수 있다.

필자와 같이 지식분야에 있는 1인 기업가라면 기본적으로 세 가지 시스템을 자기만의 것으로 만들어야 한다. 첫째, 자기탐색이다. 둘째, 콘텐츠 구축이다. 셋째, 비즈니스 모델을 확장하는 것이다. 자기탐색과 차별화된 콘텐츠, 이 두 가지 기둥을 탄탄하게 세워 비즈니스모델을 확장하는 것이 1인 기업의 시스템이다.

1인 기업은 본인이 좋아하고 잘하는 것을 비즈니스로 만들어 나이

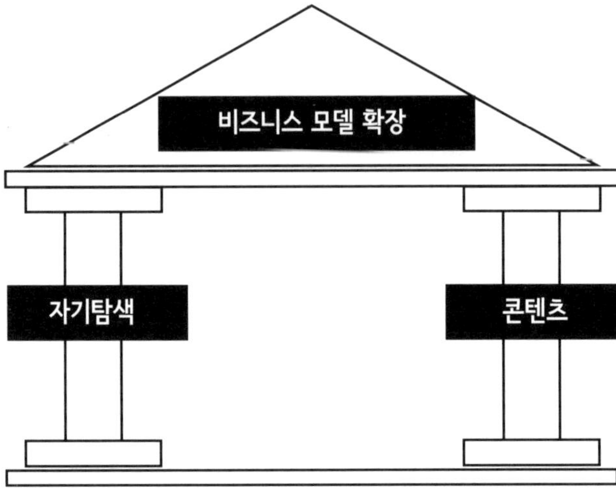

[그림 2] 1인 기업가의 업 시스템

에 관계없이 지속적으로 일할 수 있는 업의 형태이다. 1~2년 하고 말 것이 아니라 평생 해야 하는 일이기 때문에 자기탐색이 기본적인 전제가 되어야 한다. 그래야 본인만의 차별화된 콘텐츠를 만들 수 있기 때문이다. 그리고 여기에 브랜딩이 구축되면 비즈니스모델이 확장되는 것은 시간문제다.

자기탐색

먼저 첫 번째 기둥은 자기탐색이다. 1인 기업을 하는데 자기탐색이 왜 중요할까? 자기탐색이 뒷받침되지 않는다면 그 어떤 콘텐츠를 만들어도 지속할 수 없기 때문이다. 1인 기업가에게 있어 가장 중요한 부분 중 하나는 바로 이 지속가능성이다. 본인이 좋아하는 일, 잘하는 일을 찾으려면 근본적으로 "나"에 대해 고민해야 한다. 내가 누구이며, 왜 사는지, 어떠한 삶의 가치를 가지고 살아야 하는지에 대해 근본적인 고민을 해봐야 한다. 그게 바로 자기탐색이다.

자기탐색을 할 수 있는 여러 가지 툴 중에 내가 활용했던 툴은 직업의 가치와 등급을 매겨보는 것, 자기 집중점 찾기, 그리고 비전퀘스트였다.

자기 탐색을 할 수 있는 첫 번째 방법은 직업의 가치와 등급을 매겨보는 것인데, 이 부분은 『그대 스스로를 고용하라』라는 책에서 구본형 작가가 말한 업의 가치를 참고했다. 직업의 가치를 결정하는 데에는 두 가지 조건이 있는데, 첫 번째 조건은 '얼마나 그 일을 좋아하는가'이고, 두 번째 조건은 '얼마나 벌 수 있는가'이다.

또한 구본형 작가는 자발적인 동기와 충분한 보상에 따라 직업을 4등급으로 나눠볼 수 있다고 했다. 1등급은 본인이 좋아하는 일을 하면서 돈도 많이 벌 수 있는 등급이다. 그리고 거의 모든 사람들이 이 1등급이 되기를 원한다. 2등급은 좋아하는 일을 하지만 돈은 많이 벌지 못하는 등급이다. 3등급은 돈은 많이 벌지만 내가 원하지 않는 일을 하는 경우이고, 4등급은 내가 좋아하는 일도 아니면서 돈도 많이 벌지 못하는 최악의 등급이다. 그리고 대부분의 사람들은 이 4등급에 속해있다.

나는 직업의 가치와 등급에 대해 계속 연구하면서 한 가지 사실을 깨닫게 되었다. 1등급에서 4등급까지는 등급마다 간격이 동일한 것 같지만 사실 기준으로 삼는 축이 완전히 다르다. 1, 2등급은 "좋아하는 일"을 전제로 돈을 많이 버는 기준으로 나뉘지만, 3, 4등급은 "좋아하지 않은 일"을 전제로 한다. 다시 말하면, 3등급이든 4등급이든 절대로 1, 2등급으로 올라갈 수 없다는 것을 의미한다. 축이 다르다. 돈을 많이 벌 수 있다 해도 그 일이 좋아지는 것은 아니다. 3등급에서 2등급으로 올라가는 데는 한계가 있다는 것이다. 내가 좋아하는 일은 아니지만 일단 돈부터 벌자는 생각으로 1인 기업을 시작한다면 평생 3등급에서 벗어날 수 없다.

그래서 우리는 2등급부터 시작해야 한다. 지금 당장 많은 수익이 발생하는 일은 아니지만 좋아하는 일부터 시작하면 수익이 발생하는 지점으로 연결시킬 수 있다. 어떻게 할까? 바로 시간을 투자하는 것이다. 좋아하는 일부터 시작해서 시간을 투자하게 되면 어느 순간 수익이 만들어지는 때가 온다.

그리고 이 시기는 3단계로 분류한다. 1단계는 시간 〉돈의 단계이다. 많은 시간을 일하는 데 사용하지만 수익이 그만큼 따라오지 못하는 단계이다. 많이 일하지만 돈은 적게 버는 단계이다. 2단계는 시간 = 돈이 되는 단계이다. 내가 하는 만큼 버는 단계이다. 마지막 3단계는 시간 〈 돈의 단계로서 적게 일하고 많이 버는 단계를 의미한다. 그리고 이 3단계는 직업의 등급 중 1단계와 맞물린다. 결국 우리가 고려해야 하는 개념은 내가 좋아하는 일인지의 여부와 수익과 시간의 개입이다. 이 세 가지 포인트를 기억해서 내가 어떤 일을 하며 삶을 채워야 하는지 고민해야 한다.

두 번째로 자기탐색을 하는 방법은 바로 자기집중점을 찾는 것이다. 본인이 좋아하는 일을 찾고, 또 잘하는 일을 찾아본 다음 이 두 영역의 교집합을 찾아보는 것이다. 내가 좋아하는 일 중에 잘하는 일을 찾는 것이 왜 중요할까? 바로 스위트 스팟(Sweet Spot)을 만들 수 있기 때문이다. 스위트 스팟이란 배트로 공을 치기에 가장 완벽한 지점을 의미한다. 골프채나 테니스 라켓, 야구 배트 등을 이용하여 공을

칠 때 가장 홈런을 칠 수 있는 지점으로, 공이 스위트 스팟에 맞으면 적은 힘을 들이고도 가장 멀리, 빠르게 날아갈 수 있는 것처럼 우리도 이와 같이 스위트 스팟을 찾아야 한다. 그리고 자기탐색의 스위트 스팟은 본인이 좋아하는 일과 잘하는 일의 교집합 지점에 있다.

자기 집중점을 찾는 첫 번째 방법인, 좋아하는 일을 찾을 때에는 본인이 경험했던 과거를 분석해보면 된다. 과거를 돌아봤을 때 내가 어떤 일을 할 때 즐거웠고 행복했는지 떠올려보는 것이다. 이때 가장 좋은 기준은 바로 "시간"이다. 어떤 일을 할 때 "시간 가는 줄 몰랐다"는 경험이 있다면 내가 좋아하는 행동일 확률이 높다. 일정한 방향과 속도로 기계적으로 흘러가는 시간이 아니라 특별한 시간, 의미 있는 시간을 나타내는 카이로스의 시간과 일치하는 지점을 의미한다.

서울에서 부산을 가는 가장 빠른 방법은 무엇일까? KTX를 탈까? 아니면 비행기를 탈까? 아니면 그냥 고속도로를 차로 달려 갈까? 정답은 사랑하는 사람과 함께 가는 것이다. 바로 카이로스의 시간인 것이다. 물리적인 시간은 같더라도 서울에서 부산으로 가는 그 4시간이 "순삭(순간 삭제)"되는 것! 그만큼 사랑하는 사람과 함께 시간가는 줄 모르고 대화하며 즐겁게 가는 그 시간이 나에게는 특별하고 가치 있고 의미 있게 느껴지는 것, 그것이 바로 카이로스의 시간이다.

좋아하는 일도 이와 같다. 내가 무엇을 할 때 시간 가는 줄 모르고 집중했는가? 무엇을 할 때 시간이 순삭되는가? 어떤 일을 할 때 가치 있는 시간이 만들어지는가를 분석해보면 그 영역이 점점 명확해질 것이다.

그리고 자기 집중점을 찾는 두 번째 방법은 내가 잘하는 영역을 찾는 것이다. 나의 강점을 분석해보는 것이다. 그리고 이때, 나 스스로가 생각하는 강점뿐만 아니라 타인이 생각하는 나의 강점을 동시에 분석해보면 좋다. 이때 주의해야 할 점은 바로 타인과 비교하지 않는 것이다. 강점을 분석할 때에는 내가 가진 달란트 중에서 잘하는 것을 찾아야 한다. 남과 비교하기 시작하면 사실 아무것도 시작할 수 없다. 예를 들어 "나는 노래를 잘하는 것 같아"라고 생각하는 학생이 있는데, 그 친구가 나는 머라이어 캐리보다는 못해, 혹은 비욘세보다는 못한다고 생각한다면 그 친구는 평생 노래를 시작해볼 수도 없을 것이다. 강점을 찾을 때에는 내가 가지고 있는 것들 중에서 찾는 것이다. 이 점만 명심해도 강점 찾기의 어려움을 극복할 수 있다.

그리고 자기탐색의 세 번째 방법은 비전퀘스트이다. 비전퀘스트란 북아메리카 인디언들이 고대부터 사용했던 일종의 성년 의식이다. 부족에서 성년이 되는 아이는 깊은 숲으로 들어가 열흘동안 먹지도 마시지도 않고 "나는 어떻게 살아야 하는가"에 대해 깊은 사색을 했다고 한다. 그리고 그 사색하는 기간을 통해 내가 누구이고, 무엇을 해야 하는지, 앞으로 나아가야 할 방향과 비전을 세우는 시간을 만든다. 그리고 그 시간 동안 세운 삶의 목표와 비전을 통해 선택한 직업을 평생의 업으로 삼았다고 한다.[4]

비전퀘스트는 고대 인디언들의 성년이 되는 의식이지만 사실 현대

4 구본형 변화경영연구소, 『나는 무엇을 잘할 수 있는가』(서울: 고즈윈, 2008).

를 살고 있는 우리에게 가장 필요한 의식이라고 생각한다. 스무 살이 되면 대부분의 학생들은 부모의 품을 떠나 대학을 가고 독립을 하게 된다. 그러나 삶에 대한 질문보다 주어진 정답만을 외우며 공부가 전부인 사회 구조 속에서 살아온 우리들에게 '나는 누구인가?', '나는 어떻게 살아야 하는가?'의 질문은 낯설 수밖에 없다. 그러나 우리는 학생이기 이전에 사람이고, 직장인이기 이전에 인간이다. 그리고 이 질문은 인간이라면 누구나 다 필수적으로 해야 하는 영역이다. 인간이 인공지능과 다른 점은, 스스로 생각할 수 있는 자유가 있다는 것이다.

① 나는 누구인가? 어떻게 살아야 하는가? '나다움'은 어떤 것인가?

② 그것을 바탕으로 나답게 살 수 있는 직업은 무엇인가?

③ 나답게 살 수 있는 직업 안에서 성공하려면 무엇을, 어떻게 해야 할까?[5]

그러나 우리사회의 구조는 단계가 거꾸로 되어 있다. 나는 누구이고, 어떻게 살아야 하는지에 대한 고민 없이 3단계만 강요하는 사회에서 태어났고 그렇게 자라났다. 그렇게 "내"가 없는 빈껍데기의 삶을 살면서 20대, 30대, 40대를 정신없이 살다가 문득 본인의 인생을 돌아볼 때, 공허함이 가득한 나 자신을 발견하게 된다. 50대가 되어서야

5 "성공에 대한 발상을 바꿔라," 《코리아 타임즈 The Korea Times》, 2012.03.04.

다시 내 인생을 찾아보고자 하는 분들이 많은 것은 이러한 이유 때문이다.

1단계 ➞ 2단계 ➞ 3단계의 올바른 방법으로 삶을 생각하지 않고, 오로지 성공만을 위해 달려왔기 때문에 삶이 허무하고 공허한 것이다. 성공에 대한 기준, 정의도 세우지 않았는데 남들이 달려가는 그 길이 성공이라고 믿은 우리 세대의 폐해이다.

콘텐츠

콘텐츠의 3가지 구성요소

1. 전문성

전문성을 기르기 위해 필요한 5가지 요소

① 배움

1인 기업가의 전문성을 강화하는데 왜 배움이 기본이 되어야 할까? 1인 기업가는 콘텐츠 생산자이다. 그리고 훌륭한 아웃풋을 만들기 위해서는 기본적으로 훌륭한 인풋이 뒷받침되어야 한다. 이것이 기본 원리이다.

인풋이 단순한 정보라고 생각해서 이미 일상에서 충분히 채우고 있다고 생각하는가? 1인 기업가에게 있어서 인풋은 SNS의 단순한 자극과는 질적으로 차원이 다르다. 여기에서의 인풋은 "의미 있는" 인풋이다. 자극적이고, 단순하고, 휘발성이 빠른 그런 이야기들 말고, 시간이 지나면 지날수록 그 가치가 깊어지는 인풋을 말한다. 그래서 지속적으로 배워야 한다. 그렇지 않으면 온갖 정보들이 떠다니는 시대에서 무엇이 진짜 중요한 것이고, 무엇이 가짜인지 구분할 수 없기 때문이다.

1인 기업가는 평생 배워야 한다. 배움이 전제되지 않은 나눔은 의미가 없다. 금방 고갈되고, 시대에 뒤떨어지고, 남들과 다를 것이 없게 된다. 반대로 지속적으로 배우는 1인 기업가는 늘 앞서간다. 배움은 1인 기업가에게 있어서 가장 기본적인 조건이다. 배우는 게 싫다면 1인 기업을 하지 않는 게 낫다. 모든 것을 혼자서 다스리고 관리해야 하는 1인 기업가에게 있어서 배움은 생존 그 자체를 의미한다. 배우지 않으면 제자리걸음이 아니라 도태됨을 의미한다.

배움에 있어서 중요한 포인트 중 하나는 바로 소화할 수 있어야 하는 것이다. 그대로 베끼면 모방, 표절이 되지만 나만의 언어로 소화하고 나만의 콘셉트와 온도, 분위기, 느낌으로 재창조할 수 있다면 그것은 또 다른 콘텐츠가 된다. 1인 기업가의 생존에 있어서 배움은 지속적으로 해야 할 필수 덕목 중에 하나이다.

이 배움을 위한 가장 좋은 방법이 무엇일까? 바로 독서이다. 1인 기업가 중에서도 특히 지식콘텐츠분야에서 일하고 있는 대표들은 지식의 최전선에 있는 사람들이다. 그리고 우리들에게 있어서 독서는 실탄과도 같다. 계속해서 보충해줘야 하고 다시 장전해야 하는 실탄인 것이다.

독서는 가장 적은 돈을 들이고서 가장 큰 효과를 얻을 수 있는 방법이기도 하면서 세상의 모든 분야를 다루고 있는 매체이기도 하다. 우리는 책에서 세상의 그 모든 것을 다 얻을 수 있다. 더불어 사고의 지평을 넓히고 사유의 시선을 높여 의식수준을 확장할 수 있는 가장 좋은 방법이 바로, 독서이다.

• 1인 기업가의 독서방법

이 책에서 말하는 독서는 일반적으로 우리가 즐기면서 하는 그런 독서와는 조금 다르다. 앞서 독서를 전쟁터의 실탄과도 같다고 표현한 이유가 그것이다. 1인 기업가에게 있어서 독서란 '하면 좋은 것'이 아니라 '하지 않으면 죽음'과도 같은 생존에 직결되는 부분이다. 따라서 일반적으로 향유하면서 즐기면서 하는 독서와는 차원이 달라야 한다. 누가 전장의 최전선에서 여유롭게 실탄을 갈아 끼겠는가? 1인 기업가는 독서방법도 달라야 한다. 전투적으로 독서를 해야 한다. 독서가 자기계발이 아니라 생계와도 직결되는 부분이라고 생각해보자. 가장 기본적으로 의식의 전환이 필요하다.

이 책에서 무엇을 얻을 수 있을까? 어떤 부분을 내가 소화할 수 있을까? 내가 다르게 생각하는 것은 무엇인가? 끊임없이 질문하고 또 질문하면서 나의 생각과 논리를 만들어가야 하고, 그 논리를 뒷받침할 수 있는 증거들을 찾아야 한다. 책 한 권을 읽더라도 나만의 언어로 소화할 수 있어야 하며 그것들을 다시 다듬고 다듬어 "서지은화" 할 수 있어야 한다. 그렇게 한 권, 두 권, 나만의 언어로 소화한 지식이 쌓이고 쌓이면 하나의 콘텐츠가 완성된다.

단순히 즐기는 독서가 아니라 써먹는 독서로 의식을 전환해야 한다. 모든 독서는 목적에 맞게 하는 것이 가장 옳다. 나 역시 개인 모드로 소설책을 읽거나 에세이를 읽을 때에는 편안한 자세로 여유롭게 책을 읽으며 그 시간을 천천히 즐긴다. 하지만 1인 기업가의 모드로 책을 읽을 때에는 색연필로 밑줄을 긋고, 펜으로 내 생각을 기록하며 번뜩이는 아이디어를 추가하면서 그렇게 전투적으로 책을 읽는다. 이렇게 인풋의 시간을 만들어야 하는 게 왜 중요할까? 바로 아웃풋을 만들기 위해서다. 아웃풋을 위한 인풋의 시간을 만들어야 하기 때문이다.

• 인풋이 중요한 이유

우리는 아웃풋을 내야 하는 사람들이다. 아이디어를 기획하고, 제작하고, 개발해서 다양한 콘텐츠를 만들어야 하는 업에 있는 사람들이다. 그리고 좋은 콘텐츠를 만들어내기 위해 수없이 많은 시간을 고민하고, 사색하고, 질문하면서 아웃풋을 만들어낸다. 훌륭한 아웃풋을 만들기 위한 가장 기본적인 단계는 인풋을 하는 것이다. 어떤 일이든 인풋 없는 아웃풋은 없다. 그리고 모든 일은 내가 경험한 만큼만 아웃풋을 낼 수 있다. 아는 만큼 보이고, 아는 만큼만 생각하게 된다. 무엇이든지 내가 보고, 듣고, 경험한 그 반경 안에서만 생각할 수 있는 것이고 그 안에서 여러 가지 아이디어들이 연결되고, 재창조되어 아웃풋이 탄생하게 된다. 인풋이 없다면 매번 동일한 수준의 사고만 지속될 것이다. 그래서 인풋이 중요한 것이다.

훌륭한 콘텐츠는 하늘에서 떨어지는 것이 아니다. 지속적으로 독서하며 배울 때 좋은 콘텐츠도 만들어진다. 물론 그 과정이 우리 눈에는 보이지 않지만 조금씩 조금씩 그렇게 아웃풋이 만들어진다. 그러다 어느 순간이 되면 막막하고 답답하고 희미했던 것들이 사라지게 된다. 마치 자욱했던 안개가 걷히고 내 앞의 모든 것들이 선명해지는 것과도 같다. 눈에 보이지 않아도, 그래서 이 길을 걷는 일이 힘들어도 묵묵히 나만의 길을 걸었던 사람들만이 가질 수 있는 선물이다.

이렇게 선명한 시야를 갖기 위해 우리는 절대량을 쌓는 것이다. 1~2권의 독서로 아웃풋을 만들기는 어렵고, 하루 이틀 배워서는 콘텐츠를 만들기 어렵다. 그래서 뭐든지 꾸준함이 필요하다. 이렇게 절대량을 쌓는 것이다. 임계점을 만드는 것이다.

왜 이렇게 해야 할까? 대중들 앞에서 강의를 하고 좋은 영향을 나누어주는 리더들은 사람의 마음을 움직일 수 있어야 한다.

누구나 이런 경험 한 번쯤은 있었을 것이다. 대화를 하거나 앞에서 이야기를 할 때, "어~ 나도 그거 알아"라고 말하는 사람이 있다. 그러나 아는 것을 말해보라고 하면 횡설수설하거나 얼버무리는 경우가 많다. 아는 것과 설명할 수 있는 것은 수준이 다르다. 그리고 설명하는 것과 설득하는 것은 또 다른 수준이다. 그리고 마지막으로 설득하는 것과 사람의 마음을 움직이는 것은 차원이 다른 부분이다. 가장 고차원적인 영역이다. 그리고 1인 기업가는 독자(고객)의 마음을 움직일 수 있는 사람이 되어야 한다. 그렇기에 끊임없이 배우고, 또 배우며 독자의 마음을 움직일 수 있는 능력을 가진 사람이 되어야 한다.

• 경험

배움의 절대량을 채우는 좋은 방법 중 하나는 바로 경험하는 것이다. 앞서 이야기했던 독서는 사실 간접 방법이다. 우리의 시간과 에너지는 한계가 있기 때문에 경험을 다 하며 배울 수는 없다. 그 한계를 극복할 수 있는 방법이 바로 독서였다.

그리고 할 수 있다면 시간과 물질, 에너지를 만들어 직접 경험하고 배우는 것 또한 훌륭한 인풋이 될 수 있다. 특강, 세미나, 멘토링, 컨설팅 등을 활용해서 나에게 좋은 영감을 주었던 작가를 직접 만나보면 또 다른 세계가 펼쳐진다. 동기부여가 되는 차원이 달라진다. 물론 책도 많은 영감과 좋은 자극을 주는 매체임에는 틀림없다. 그러나 책을 쓴 작가를 직접 보며 그 이야기를 듣는다는 것은 마음의 울림의 정도가 다른 일이다. 활자로만 보다가 바로 내 앞에서 한 사람의 일생을 생생하게 전해 듣는다는 것은 훨씬 더 강렬하고 빠르게 마음을 움직일 수 있는 방법이기도 하다.

책을 보면 시각적으로만 자극을 받지만 직접 강연장에 가서 이야기를 들으면 눈으로 보고, 귀로 들으며, 그날의 온도, 분위기, 함께 이야기를 듣는 사람들의 열정이 한데 어우러져 시너지효과가 생긴다. 강사에게 듣는 내용도 중요하지만, 함께 듣는 팀원들에게도 인사이트를 얻을 수 있다.

그리고 가장 중요한 것은 바로 소통할 수 있다는 것이다. 사실 책은 내가 일방적으로 받는 것이다. 궁금한 점이 생겨도 바로 질문할 수 없고, 소통할 수 있는 통로에 한계가 있지만 강연이나 교육 컨설팅을 하며 저자를 직접 만나게 되면 궁금한 점을 언제든 질문할 수 있고, 콘셉트에 따라 함께 문제를 풀어나가며 소통할 수 있다는 점이 큰 매력이다. 나 혼자 작가를 아는 게 아니라, 작가도 나의 존재를 알고 서로의 감정과 생각을 주고받을 수 있다는 점은 건강한 동기부여가 된다.

② 시행착오

전문성을 강화하는 좋은 방법 중 하나는 바로 시행착오를 겪는 것이다. 이 콘텐츠가 뜰지 가라앉을지, 이 아이디어가 사업화될지 되지 않을지는 일단 시도해봐야 안다. 될지 말지 고민하면 죽을 때까지 걱정만 하다 끝난다. 아이디어가 나왔다면 일단 시도해보자. 그래야 알 수 있다. 될지 말지는 그 다음 단계이다.

[시행 → 착오 → 피드백 → 재시행] 같은 식으로 계속해서 경험을

쌓자. 실력은 이때 쌓인다. 강의도 많이 해봐야 느는 것이고, PPT도 많이 만들어봐야 실력이 쌓인다. 그리고 이 단계에서의 포인트는 바로 "피드백"이다. 피드백하지 않고 계속 경험만 하면 의미가 없다. 점점 더 나아지고 싶다면 뼈를 깎는 피드백을 동반해야 한다.

내 경우 강의를 메인 업으로 하고 있기 때문에 나는 매번 내 수업을 촬영한다. 그리고 매번 그 영상을 모니터하면서 강의 내용을 보완하고 업그레이드하며 실력을 쌓는다. 이렇게 모니터링을 하면 스스로 부족한 점을 파악할 수 있고, 빠르게 보완하고 개설할 수 있는 계기가 된다. 이렇게 콘텐츠만 업그레이드되는 것이 아니라, 강의를 하면서 무의식중에 나오는 나의 행동이나 제스처 등도 함께 캐치할 수 있다.

자기계발을 좋아하는 나 역시도 수많은 특강과 세미나에 참여한다. 관심 있는 콘텐츠나 좋아하는 작가의 강연소식이 있을 때에는 주기적으로 참여하기도 하는데, 가끔 아쉬울 때가 있다. 강연 내용이 1년 전에 비해 업데이트된 것이 하나도 없고, 토씨 하나 틀리지 않고 똑같은 내용을 말하는 강연에 가면 시간이 아깝다는 생각을 하게 된다.

또 강연을 하면서 중간중간에 음… 아… 쩝쩝댄다든지 하는 무의식중에 나오는 행동들이 반복되면 강의를 듣는 청중의 입장에서는 계속 거슬리게 되고, 강의에 집중을 하지 못하게 된다. 그렇게 시간이 지나면 어떻게 될까? 게임 끝이다. 강연장 분위기는 순식간에 산만해지고, 한번 무너진 분위기는 다시 만회하기 어렵다.

그런 강의에 참여하게 되면 청중으로서 아쉬움이 남지만, 같은 분야에서 일하는 입장으로서 안타까움을 느끼기도 한다. 내용 업그레이드에 관한 부분은 강사의 생존과 직결되는 부분이며, 지속적인 배움과 투자로 충분히 업그레이드 할 수 있는 부분이다. 최소한의 공부만 했더라도 그런 일은 벌어지지 않는다. 또한 후자의 경우 한 번만 본인의 강의를 모니터링 해봐도 바로 고칠 수 있는 부분이다.

강사가 강의를 할 때 가장 신경 써야 하는 부분은 2가지가 있는데, 첫 번째는 훌륭한 콘텐츠를 준비해야 하는 것이고, 두 번째는 청중들이 강의에 집중할 수 있도록 환경을 조성해야 하는 것이다. 특히 외부적인 환경이 아니라 강사 자신에 대한 부분이다. 강사는 주인공이 아니다. 메신저이다. 강연에 참여한 사람들이 강의에 집중하고 몰입할 수 있는 환경을 만들어야 하는 것뿐만 아니라 최소한 방해는 되지 말아야 한다. 그리고 강의를 하는 사람에게 가장 중요한 이 두 가지 자질을 기르는 방법이 바로 피드백을 동반한 시행착오이다.

나처럼 수업을 직접 촬영해서 스스로 모니터링 하는 피드백도 좋은 방법이고, 아직 강의를 할 수 없는 경우에는 시뮬레이션으로 연습을 해보며 강의 스킬을 높이는 것도 좋은 방법이 된다. 가족이나 지인 앞에서 해보는 것도 좋고, 그것도 아니라면 실제로 하는 것처럼 처음부터 끝까지 한 호흡으로 진행하는 모습을 찍고 모니터링 하는 것도 좋은 방법이다.

특히 모임을 적극적으로 이용하면 좋다. 가족이나 지인, 또는 가상 시뮬레이션을 해보면 물론 도움이 되지만 어느 정도 한계가 있다. 분위기를 이끄는 데에도 한계가 있고, 아무래도 실전처럼 진행하기에는 아쉬운 점들이 있다. 그럴 때 좋은 방법이 자기계발 모임을 활용해보는 것이다. 독서모임이든 글쓰기모임이든 다양한 자기계발 모임에 참여해서 모임 회원을 대상으로 강의를 진행해보는 것이다. 가족 앞에서 하는 것보다 훨씬 더 좋은 분위기에서 진행할 수 있고, 실제 현장과 거의 흡사한 경험을 할 수 있을 것이다. 더불어 그 내용이 그들에게 도움이 되었다면, 친절한 피드백까지 얻을 수 있는 최고의 평가단이 될 것이다.

③ 본질

1인 기업가의 전문성을 강화하는 세 번째 방법은 바로 본질에 집중하는 것이다. 이 영역은 사실 많은 초보 1인 기업가들이 함정에 빠지는 부분이기도 하다. 본인이 만든 콘텐츠나 사업모델이 단기간에 대박을 터뜨릴 수 있다면 가장 좋겠지만, 대부분의 사업영역은 일정 기간 이상 꾸준하게 투자해야 성과를 낼 수 있다는 구조를 가진다. 그리고 그러한 성과는 진득하게 하나의 길을 팠을 때 나오는 결과이다.

그러나 많은 분들이 여기에서 오류를 범한다. 이 땅을 조금 팠다가 아닌 것 같아서, 그 옆자리를 파고, 그러다가 또 아닌 것 같아서 그 옆자리를 판다. 결국 우물은 한 자리를 파는 사람에게 돌아가는 아웃풋이다.

사업도 마찬가지이다. 아직 메인콘텐츠가 자리를 잡지도 않았는데, 이것저것 문어발식으로 비즈니스모델을 만들기만 한다면 결국 그 끝은 쇠망이다. 사업 초기부터 무리하게 사업 확장을 하게 되면, 결국 에너지가 분산된다. 1인 기업가의 가장 큰 자산은 본인의 에너지이며, 그 한정된 에너지를 어느 분야에 선택하고 집중해야 하는지 아는 것이 1인 기업 운영의 핵심 포인트이다. 한 분야를 꾸준하게 파도 될까 말까한데, 사업이 자리를 잡기도 전에 그 에너지가 분산된다면 당연히 좋은 결과를 얻을 수 없다.

기본적인 것이 가장 중요하다. 기초가 튼튼해야 뭐든지 잘되고 오래갈 수 있다. 그리고 이 원리는 1인 기업과 사업에도 적용된다. 어떤 콘텐츠로 비즈니스를 하든지 묵묵하게 본인의 길을 걸어가자. 그리고 본인의 본질에 집중하자. 시간이 흐르면 자연스레 비즈니스모델은 확장될 것이다.

④ 구체화

자기탐색을 바탕으로 본인이 무엇을 해야 하는지 콘텐츠와 사업아이템에 대한 아이디어가 떠오르기 시작했다면 좀 더 구체적으로 사업 기획안을 써볼 차례이다. 충분히 고민하며 자기탐색을 하고, 배움의 시간을 지속적으로 만들어왔다면 머릿속에 다양한 아이디어들이 떠오를 것이다. 이렇게 떠오른 날것의 아이디어들을 다듬고 구조화해서 사업을 구체적으로 구상해보는 단계가 구체화 단계이다.

여기서도 1인 기업가의 장점이 발휘된다. 바로 나에게 가장 잘 맞는 도구와 방식을 이용하여 기획안을 만들 수 있다는 것이다. 대부분의 회사에서는 보고서 양식이 정해져있고, 전달하는 방법 또한 매뉴얼이 있어 그에 맞게 작성해야 한다. 그 방법이 나에게 맞든 맞지 않든 조직은 그것을 신경 쓰지 않는다. 주객전도가 일어날 확률이 크다. 이런 부분에서 봤을 때 내용에 집중하는 게 아니라 보고서 양식에 맞춰서, 팀장님이 좋아하는 스타일의 문체와 단어를 찾느라 시간을 허비할 단점 자체를 만들지 않는 것이 1인 기업이 누릴 수 있는 장점이다. 글이 편한 사람은 글로 기획안을 정리하면 되고, 일목요연하게 키워드로 정리하고 싶은 사람은 그렇게 진행하면 된다. 같은 내용이라도 글보다 말로 설명하는 게 편한 사람은 말로 설명해서 그것을 녹음해도 되고, 영상으로 만들면서 정리하는 것도 좋은 방법이 된다.

나의 경우 아이디어를 발산하는 단계에서는 만다라트 양식을 자주 이용한다. 좋은 아이디어를 만들고 싶다면 일단 많은 아이디어를 내는 게 순서인데, 아무 규칙이나 룰 없이 아이디어를 만들게 되면 뇌가 고통스러워한다. 단순한 규칙이라도 부여하면 뇌는 논리적인 것을 좋아하기 때문에 각각의 영역에 있던 키워드들을 하나씩 끄집어 낼 수 있게 된다. 그래서 나는 단순하면서도 많은 아이디어를 발산할 수 있는 만다라트 도구를 자주 이용한다.

그리고 발산된 아이디어를 분류하고 조직화할 때에는 3로직트리 기법을 이용한다. What－Why－How to의 로직트리를 적용해서 구체적으로 생각해보는 것이다. 그렇게 아웃라인이 잡히면 5W1H기법을 이용해 더 디테일한 기획안을 만든다.

What	나의 관심 콘텐츠는 무엇인가?
Why	이 콘텐츠의 목적은 무엇인가?
Who	이 콘텐츠는 누구에게 유익한가? 이 콘텐츠를 완성시키는데 있어 누구에게 도움을 받을 수 있을까?
How	콘텐츠를 어떻게 만들고, 어떻게 유통시킬 것인가? 얼마나 비용이 들며, 얼마나 자주 해야 하는가?
Where	실행할 장소는 어디인가?
When	언제까지 이 콘텐츠를 완성할 것인가?

이렇게 5W1H의 원리를 적용해 사업을 디테일하게 기획해보는 것이다. 이 6가지 질문에 하나씩 답을 작성하다 보면 콘텐츠의 방향이 뚜렷해진다. 무엇을 선택하고 집중해야 할지 스스로 깨닫게 된다. 이 6개의 질문이 모두 중요하지만 특히나 1인 기업가의 추진력과 관련해서 중요한 질문은 When이다. 왜냐하면 1인 기업가는 그 누구도 마감시간을 정해주지 않는다. 언제까지 보고서를 써야 한다고 그 누구도 명령하는 이가 없으며, 나에게 마감기한을 정해줄 상사도 없다. 그 명령을 내릴 사람은 바로 나 자신이다. 내가 이 회사의 대표이기 때문에 스스로 마감을 만들지 않으면 평생 준비만 하다 끝나는 게 1인 기업이다.

따라서 셀프 데드라인을 만들어 그것을 지키는 훈련을 하는 것이 중요하다. 완벽하게 준비하고 오픈 해야지라고 생각한다면 그 무엇도 시작할 수 없을 것이다. 일단 데드라인을 정하자. 그리고 공식적으로 선언하자. 한 명이라도 그것을 기다리는 독자(고객)가 있다는 것을 깨닫게 되는 순간, 어떻게든 해내고야 마는 게 사람이다. 1명의 독자 혹은 1명의 고객에서 시작하더라도 괜찮다. 1인 기업, 특히 지식콘텐츠 분야는 일단 시작이 중요하다. 일단 시도하고 경험을 쌓고 피드백을 하면서 보완하면 된다. 중요한 것은 계획보다 경험이다. 지금 당장 기한을 정해보자. 언제까지 이 프로젝트를 완료할 것인지, 이 제품을 런칭할 것인지, 이 강좌를 개설할 것인지 날짜를 정하고 오픈 하자. 마감일이 정해졌으니 제 아무리 느긋한 성향의 사람일지라도 본격적인 업무에 착수하게 될 것이다. 1인 기업가에게 있어서 아이디어를 만들어내는 것도 중요하지만 그것보다 더 중요한 것은 그것을 실행하는 추진력이라는 것을 꼭 기억하자.

⑤ 자료관리

1인 기업가의 전문성을 강화하는 마지막 방법은 자료관리 시스템을 구축하는 것이다. 콘텐츠를 만들어 비즈니스를 시작하고, 어느 정도 안정궤도에 오르게 되면 중요하게 작용하는 것이 바로 이 영역이다. 1인 기업가는 단계에 맞게 그때그때 시스템을 구축해놓는 것이 중요하다. 시간이 갈수록 중대한 결정에 에너지를 쏟아야 할 일이 많은데, 그때마다 시스템 관련 부분을 해결하느라 에너지를 쏟는다면 굉장한 낭비가 되기 때문이다. 자료관리도 마찬가지다. 그래서 1단계로 해야 하는 일이 자기탐색이었던 것이다. 나를 탐색해야 업무 형태와 방향을 정할 수 있는 것처럼 내가 어떤 사람인지 파악해야 자기만의 스타일과 시스템을 구축할 수 있고, 결국 업무성과로 이어지게 된다.

나의 경우 자료관리도 내가 좋아하는 방식을 적용해서 시스템을 구축했다. 『강사의 탄생』이란 책을 보고 영감을 얻어 "토피카"를 만들었다. 아리스토텔레스의 글에서 유래된 이 말은 이야기 터, 말 터, 글 터의 뜻으로 나에게는 아이디어노트, 강연자료집에 해당된다. 이렇게 만든 나만의 토피카는 누구보다 내가 잘 활용할 수 있는 시스템이라 할 수 있다.

[그림 3] 자료 수집 및 활용 단계

나는 인풋과 아웃풋을 할 때 [그림 3]과 같이 [수집-분류-활용]의 3단계를 거친다.

1단계 수집 단계에서는 공과 사를 구분하지 않고, 일상의 모든 영역에서 아이디어와 자료를 수집한다. 언제 어디서 좋은 인사이트를 받게 될지 모르기 때문에, 늘 레이더를 세워두고 아이디어를 수집한다. 기본적인 자료 유입 루트는 단연 독서이다. 독서를 제외하고선 어떤 지식이나 정보도 얻을 수가 없기 때문에 언제나 가장 기본은 책이 된다. 도서뿐만 아니라 신문, 칼럼, 논문, 보고서 등의 텍스트를 기본적으로 활용하고 맘에 드는 작가님이나 대표님이 있을 땐 직접 강연을 신청해서 특강도 듣고, 세미나도 듣고, 아카데미도 들으며 다양한 인사이트를 받는다. 직접 만나는 게 여의치 않은 경우 온라인 강의를 이용하기도 한다. 세바시, 알쓸신잡, 차이나는 클래스 등 유익한 프로그램도 많고, 유튜브에도 수많은 강좌들이 업로드 되어 있어 도움을 많이 받는다.

책이나 강연뿐만 아니라 다큐멘터리는 기본이고, 드라마, 영화, 심지어 예능프로그램과 웹툰에서도 영감을 받을 때가 종종 있다. 트렌드를 공부할 때는 당연히 예능을 통해서 영감을 받을 때가 많고, 강연 사례나 에피소드, 좋은 명언을 수집할 때도 웹툰이나 드라마에서 아이디어를 얻는 경우가 많다. 1단계는 이렇게 다양한 유입 루트를 활용해 자료를 수집하는 것이다.

2단계는 이렇게 수집한 자료를 주제별로 분류하는 것이다. 나는 아날로그적인 형식을 좋아하기 때문에 인풋을 할 때에도 종이책, 종이 신문을 선호한다. 그리고 수집한 자료를 분류할 때에는 디지로그(디지털+아날로그) 방법을 이용한다. 다양한 루트에서 수집한 자료들은 그때그때 주제별로 분류해서 정리를 해두는 편이다. 특히 에버노트 프로그램을 활용하여 자료를 백업하고 분류해서 언제, 어디서든 찾고 싶은 자료를 활용할 수 있도록 환경을 세팅해놓는다.

2단계 분류 영역에서의 핵심은 "활용"을 전제로 한다는 것이다. "독서"를 주제로 강의가 들어오거나 "트렌드"를 주제로 강의가 갑자기 들어왔을 때 바로바로 강연자료집을 만들 수 있게끔 자료들을 일목요연하게 분류하는 게 핵심 포인트이다.

[그림 4] 주제별로 분류된 자료

이렇게 분류까지 완료된 자료들은 다양한 특강, 코칭, 저서 집필, 프로젝트, 컨설팅, 자문 등에 유용하게 활용된다.

자료관리 영역에서는 두 가지 핵심 포인트가 있다. 첫 번째는 본인만의 주기를 정해야 한다는 것이다. 자료수집은 평소에 해야 한다. 강의가 들어왔을 때 그때부터 자료를 찾기 시작하면 이미 늦은 것이다. 당장 내일모레가 강연인데 언제 자료를 찾고 PPT를 만들고 시뮬레이션을 해보겠는가. 요리를 할 때에도 재료 준비가 다 되어있고 손질까지 다 되어있으면 요리를 하는 것 자체는 쉽게 할 수 있는 것처럼, 자료관리도 이와 마찬가지이다. 자료들이 미리 준비가 되어있다면 어떤 주제의 강의가 들어와도 빠르게 준비할 수 있다.

자료관리를 잘 하는 것도 1인 기업가의 중요한 역량이다. 자료를 수집하는 주기뿐만 아니라 내가 만든 토피카를 수시로 들여다보면서 평소에 아이디어를 연결하고 영감을 찾아야 한다. 만들어놓기만 하면 의미가 없다. 주기를 정해서 노트를 살펴보며 아이디어를 찾는 것 또한 매우 중요하다. 좋은 방법은, 나만의 주기를 정하는 것이다. '매주 토요일 오전 10시~12시까지는 토피카 보는 시간!' 혹은 '매달 1일은 아이디어 노트 보는 시간!'으로 미리 일정을 예약해두자. 수집은 가장 기본적인 단계이다. 아이디어노트를 만드는 것에 너무 뿌듯해 하지 말고, 자주 들여다보고 영감을 찾는 것에 뿌듯해하자.

나는 이 단계에서 더 나아가 미리 강의 준비를 한다. 아직 강의 의뢰가 들어오지 않았지만 들어올 것을 예상하고 미리 자료를 수집하고 분류해놓는다. 이것이 가능한 이유는 나의 전문영역이 정해져있기 때문이다. 자기계발이라는 최상위 카테고리 안에서 강의를 진행하고 있기 때문에 공부법, 시간관리, 독서, 글쓰기, 창의력, 동기부여, 퍼스널 브랜딩 등의 일관된 분야에서 강연 의뢰가 들어온다. 그리고 이렇게 강의가 들어오도록 브랜딩을 구축해놓았다.

이 영역에서의 핵심은 본인만의 시스템을 만드는 것이다. 이해하기 쉽도록 나의 사례를 덧붙여 놓았지만, 이 예는 전적으로 나에게 맞춰진 시스템이다. 그러니 이 사례를 참고하여 본인만의 자료관리 시스템을 구축한다면 기회가 왔을 때 당당하게 무대에 설 수 있는 1인 기업가가 될 것이다.

2. 차별성

① 1인 기업가는 차별적인 콘텐츠를 어떻게 만드는가?

훌륭한 콘텐츠를 만드는 두 번째 요소는 바로 차별성이다. 모든 아이템이나 콘텐츠가 극도로 상향평준화된 이 시대에 좋은 콘텐츠를 만드는 요소는 "얼마나 다른가?"에 달려있다. 얼마나 잘 만들었는지는 더 이상 중요하지 않다. 어느 분야든, 어떤 장르를 막론하고 well-made는 이미 지천에 널렸다. 그리고 well-made는 기본 중에 기본이 되었다. 콘텐츠 생산자로서의 우리는 남들과 다른 무언가를 만들어야 한다. 그게 바로 무수히 많은 경쟁업체들 사이에서도 독보적인 군

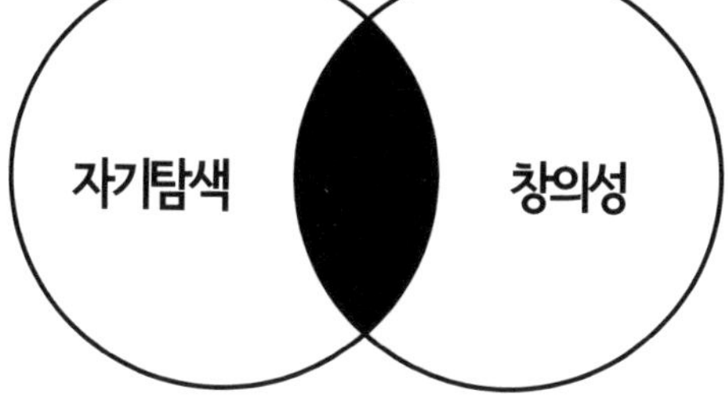

[그림 5] 자기탐색과 창의성의 결합

계일학이 될 수 있는 전략이다. 나음보다 다름을 추구해야 하는 시대에 살고 있기 때문에 우리는 남들과는 다른 차별성을 지닌 콘텐츠를 생산해내야 한다.

차별성 있는 콘텐츠를 만들고 싶다면 자기탐색과 창의성을 결합시켜야 한다. 이 영역에서의 가장 중요한 핵심은 바로 "창의성"이다. 이미 기존 시장이 레드오션이라 할지라도 그 안에서 잘되는 사람들은 분명 존재한다. 그리고 그들을 분석해보면 확실히 남들과 다른 무언가를 가지고 있다는 것을 알 수 있다.

따라서 우리는 '다른 경쟁자들과는 다른 나만의 탁월한 점은 무엇인가'에 대해 스스로 질문해봐야 한다. 우리 회사의 콘텐츠를 어떻게 하면 다른 회사와 다르게 만들 수 있을까? 어디서부터 시작해야 할까? 정답은 바로 창의성이다. 창의성을 잡아야 한다. 창의성이라고 지레 겁먹을 필요는 없다. 창의성이란 무에서 유를 만들어내는 게 아니다. 지식의 빅뱅시대를 살고 있는 지금 시대의 창의성은 '연결'이 핵심 포인트이다. 기존에 존재하는 것들 중에서 어떤 분야를 융합하고 결합할 수 있을지를 고민할 수 있는 사람이 창의적인 인재가 될 수 있다. 창의적 사고는 서로 다른 아이디어를 연결하는 것에서부터 시작된다. 세계 최대의 택시회사 우버에는 택시가 없다. 그리고 세계 최대의 SNS회사인 페이스북에는 콘텐츠가 없다. 기존 택시와 플랫폼을 결합하여 만든 것이 우버이고, 페이스북 역시 플랫폼이다. 무엇을 연결하느냐의 차이가 결과의 차이를 만든다. 애플 역시 MP3나 모바일폰을 처음 만들 때 부품을 하나하나 생산하지 않았다. 기존에 있던 제조업체를 활용해 애플이 가진 비주얼적인 부분을 강화시켜 탄생한 것이 아이팟과 아이폰이다. 애플이라고 부품 생산라인부터 시작했을까? 그렇지 않다. 이미 있는 제품, 이미 많은 사람들이 하고 있는 분야라 할지라도 어떻게 생각하느냐에 따라 차별적인 요소는 충분히 만들 수 있다. 서로 다른 아이디어를 연결하는 것부터가 창의적 사고의 시작이다.

모방하지 말고 소화해야 하는 또 다른 이유가 여기에 있다. 전문성을 강화하기 위해서기도 했지만, 남들과 다른 콘텐츠를 생산할 수 있어야 1인 기업으로서 생존할 수 있기 때문에 내 것으로 소화하는 것이 중요하다. 어딜 가든 볼 수 있는 것 말고, 어디서든 배울 수 있는 콘텐츠 말고, 여기서만 보고, 느끼고, 배울 수 있는 무언가를 만들기 위해서는 모방이 아니라 소화를 해야 한다. 그리고 소화를 하려면 창의적 사고가 필요하고, 창의적 사고를 하기 위해서는 아이디어 간의 연결이 필요하다. 따라서 무엇을 하든지 존재하는 현상 그대로를 보는 것이 아니라 좀 더 새로운 관점과 시선으로 아이디어를 모색해야 한다.

내가 걸어가려고 하는 분야가 있다면 나는 무엇을 연결할 수 있을지 질문해보자. 좋은 아이디어는 끊임없이 스스로에게 질문하고, 고민하는 시간에 비례해서 탄생하게 될 것이다.

② 창의성이란 아이디어들이 연결되는 시간이다

인풋도 중요하고 아웃풋도 물론 중요하다. 그러나 이에 못지않게 중요한 것은 바로 나의 뇌로 들어온 정보들이 자리를 잡고 서로 연결될 수 있도록 충분한 시간을 주는 것이다. 그래서 나는 하루 중 일정한 시간을 떼어 사색할 수 있는 시간을 꼭 갖는 편이다. 그리고 사색할 때에는 어떠한 자극도 주지 않으려고 노력한다. 사색하는 다양한 방법 중 많은 분들이 쉽게 접근할 수 있는 방법은 단연 휴식일 것이다. 편안히 앉아서 릴렉스 하며 10분, 20분 동안 아무것도 하지 않고 뇌를 쉬게 하는 것이다.

그러나 이 10~20분조차 가만히 앉아서 사색을 하는 것을 힘들어 하는 이들이 많다. 수많은 자극과 정보, 그리고 단 1분 사이에도 몇십 개의 알람과 피드가 뜨는 SNS의 시대를 사는 현대인에게 있어서 어쩌면 가장 어려운 게 '아무것도 하지 않기'가 아닐까 생각한다. 그만큼 온갖 자극에 익숙해져버린 우리의 삶이기에 어떠한 자극도 주지 않으면 오히려 뇌가 심심해하고, 계속해서 더 자극적인 정보를 원하는 시대가 되었다. 클릭 한 번이면 세상의 모든 정보와 지식을 찾을 수 있는 시대이지만, 정작 내 생각은 한 줄도 쓰기 어려워진 시대, 그럴수록 철저하게 혼자가 되어 사색하는 시간을 훈련해야 한다. 창의적인 아이디어는 이때 생겨나기 때문이다. 내가 창의성을 키우는 방법은 인풋과 아웃풋, 그 사이에 소화할 수 있는 시간을 두는 것이다.

훌륭한 아웃풋을 만들고 싶다면 훌륭한 인풋이 전제되어야 한다. 그리고 더 중요한 것은 아이디어들이 만들어질 수 있도록 충분한 시간을 만들어주는 것이다. 씨를 뿌리자마자 나무가 자라지 않는다고 투덜대는 이가 어디 있겠는가? 오히려 빨리 자라나는 나무는 뿌리를 깊이 내릴 시간이 없기에 작은 바람에도 쉽게 꺾여버릴 수 있다. 아이디어의 생성도 이 원리와 같다. 뭐든지 가치 있는 것들은 충분한 시간을 필요로 한다.

가만히 앉아서 핸드폰을 만지지 않고, TV도 보지 않고, 컴퓨터도 보지 않고 잠시만 그렇게 뇌를 쉬게 해주자. 하루 24시간, 1440분 중에서 단 10분이다. 10분만 그렇게 디지털 디톡스를 해보자. 이 훈련을 계속 하다보면 아주 잠깐 자극적인 것들을 차단했을 뿐인데, 머리가 맑아지고, 내가 무엇을 해야 하는지 여러 아이디어들이 떠오르는 덤까지 얻을 수 있을 것이다.

③ 아이디어를 소화하는 시간 만들기

뇌를 잠깐 쉬게 하며 아이디어를 만드는 시간이 굉장히 중요하지만 나 역시 이렇게 절제하는 것이 힘들기 때문에 일부러 환경을 만든다. 우리가 일상생활 중에서 최대한 이러한 자극에서 멀어질 수 있는 시간이 언제일까? 그 공간은 어디일까? 곰곰이 생각해보면 답이 나온다. 바로 목욕할 때이다.

나는 개인적으로 반신욕을 좋아한다. 하루를 열심히 살아내고, 자기 전 따뜻한 욕조에 들어가는 그 순간을 사랑한다. 그렇게 하루의 피로를 풀고, 그 안에서 여러 가지 생각도 하고, 하루 있었던 일을 복기하기도 한다. 예전에는 이 시간조차 아까워서 책을 들고 들어가거나 핸드폰을 가지고 반신욕도 했었지만, 이제는 그렇게 하지 않는다. 벌써 수백 번 이 환경에서 좋은 아이디어가 만들어진 경험을 했기에 이제는 반신욕을 할 때 책이나 휴대폰과 같이 인풋을 줄 수 있는 매개체는 그 어떤 것도 들고 가지 않는다. 단지 예외적인 물건이 있다면 바로 수첩과 펜이다. 딱 이 두 가지만 들고 욕조에 들어간다.

사색하는 시간 동안 다양한 아이디어들이 탄생할 때가 많은데, 그 아이디어들을 그 순간 기록으로 남기지 않으면 바로 사라지기 때문에 번뜩이는 아이디어가 있으면 그 자리에서 바로 적을 수 있게 수첩과 펜은 꼭 들고 간다.

남들과는 다른 차별화된 콘텐츠를 만들기 위해서는 창의성이 뒷받침되어야 한다. 그리고 창의적인 아이디어를 만들기 위해서는 인풋과 아웃풋 사이에 아이디어들이 결합될 수 있는 사색의 시간을 만들어야 한다.

나는 반신욕을 하나의 루틴으로 만들어 창의적인 아이디어를 생산하는 시간으로 만들었다. 반신욕뿐만 아니라 산책이나 명상 등 다양한 기법으로 사색을 하는 사람들이 있다. 그리고 이 행위들의 공통점은 긴장된 상태가 아니라 자유로운 상태로 만드는 것이다. 몸의 긴장이 풀려야 뇌가 편안함을 느낀다. 말랑말랑해진 그 순간에 아이디어는 탄생하는 것이다.

이 책을 읽고 있는 독자들도 본인이 어떤 환경에서 자유로움을 느끼는지 생각해보자. 그리고 그 환경을 찾았다면, 이제는 자극을 차단할 차례이다. 그 환경은 소화의 시간이며 연결의 시간이자 숙성의 시간이다. 각종 자극적인 정보들은 최대한 차단하고 뇌가 쉴 수 있게 환경을 만들어보자. 우리의 뇌는 그 시간에 창의적인 아이디어로 보답할 것이다.

④ 낯설게 하기

창의적인 아이디어를 만드는 또 다른 방법은 바로 일상에서 벗어나는 것이다. 하루하루 똑같은 삶에서 벗어나 특별한 일상을 만들어 보는 것이다. 낯설게 하는 가장 좋은 방법은 바로 독서와 여행이다. '독서는 앉아서 하는 여행이고 여행은 걸으며 하는 독서이다'라는 말이 있다. 새로운 환경에 놓였을 때 사람은 다양한 생각을 할 수 있게 된다. 그래서 여행을 하는 것이고, 모든 곳을 갈 수 없기 때문에 앉아서 하는 여행인 독서를 하는 것이다.

그러나 진짜 일상에서도 낯설게 하기를 할 수 있다. 하루 중 한 순간을 고른 뒤 다른 선택을 해보는 것이다. 카페에 가서 매일 바닐라라떼만 주문해서 먹었다면 오늘은 플랫화이트를 주문해보는 것이다. 아무 생각 없이 마셨던 그 시간이 달라질 것이다. 특별한 순간이 될 수 있다. 평범했던 일상이 특별해지는 것은 생각보다 어렵지 않다. 매일 맛보던 익숙한 맛에서 벗어나 다른 맛을 느낄 수 있고, 다른 시각을, 다른 후각과 청각을 느껴보는 것이다. 매일 지하철을 타고 출근을 했다면, 오늘은 버스를 타고 출근을 해보자. 자주 가던 카페가 있다면 그 카페를 가는 동선을 다르게 해보자. 평소에 보지 않고 지나쳤던 골목, 상점들, 나무 등 보지 못했던 것들이 눈에 들어올 것이다.

나는 질문독서 프로젝트를 기획하고 진행하면서 액션위크를 만든 적이 있었다. 질문독서 프로젝트는 리더가 기획한 커리큘럼에 의해 정해진 주제에 따라 선정된 도서를 읽으며 8주 동안 본인의 질문을 만들어 생각의 힘을 기르는 온라인 프로젝트이다. 5기 때 액션위크를 프로그램에 접목시킨 적이 있었다. 8주 동안 책을 읽고 생각을 글로 풀어내는 것에서 한 차원 더 높은 "행동"으로까지 이어지게 만든 프로그램이었다. 한 주간을 액션위크로 정하고 그 기간 동안에는 생각 없이 반복했던 삶에서 벗어나 다른 선택을 해보는 훈련을 함께 했다. 매번 토마토 스파게티만을 먹었던 사람은 로제 파스타를 주문해보기도 하면서 익숙함에서 벗어나 일상에서의 새로운 경험을 통해 창의적인 아이디어를 만들어보는 주간이었다. 익숙함이 아니라 특별한 맛, 향기, 촉감, 시각, 청각 등을 받아들이며 다양한 사고를 할 수 있는 나를 관찰하는 경험이었다.

함께 책을 보며 질문을 만드는 것도 생각의 힘을 기르는데 중요하지만, 단순한 생각이 아니라 창의적인 생각을 만들기 위한 프로젝트의 일부였다. 나 역시 그 기간 동안 평소에 하지 않았던 다양한 경험을 해보았다. 프로젝트를 하면서 내가 그동안 느끼지 못했던, 보지 못했던 부분들이 보이고, 일상이 새롭게 관찰됨을 느꼈다. 창의적인 아이디어는 꼭 유럽여행이나 미국여행을 가야만 만들어지는 것이 아니다. 일상 속에서도 낯설게 하기를 통해 다양한 아이디어를 만들 수 있다.

지금까지 창의적인 아이디어를 만드는 다양한 방법들을 소개했다. 중요한 것은 나에게 맞는 방법을 찾고 그것을 실천하는 것이다. 그리고 나에게 맞는 방법을 찾기 위해서는 일단 경험해봐야 한다. 그래야만 무엇이 나에게 맞는지 알 수 있을 것이다.

3. 시장성

① 트렌드를 분석하는 이유

내가 원하는 일을 하며 행복하게 성공하고 싶은 1인 기업가라면 당연히 내 고객이 누구인가에 대해 지속적으로 분석해야 한다. 그리고 고객을 분석하는 좋은 방법은 바로 트렌드를 분석하는 것이다.

왜 트렌드를 공부해야 할까? 첫 번째는 트렌드는 항상 변하기 때문이며, 두 번째는 우리의 독자(고객)가 트렌드의 중심에 있기 때문이다.

트렌드 공부는 끊임없이 해야 하는 분야이다. 트렌드가 변하는 주기가 점점 더 짧아지고 있고, 시간이 갈수록 빠르게 변화하고 있는 시대이다. 그 누구도 트렌드의 분야에서 자유로울 수 없다.

그리고 어떤 일을 하든 본인이 몸담고 있는 분야의 시장분석은 기본 중에 기본이다. 본질은 같지만 그것을 포장하는 방식은 늘 변해야 한다. 시장분석, 고객분석, 트렌드분석 이 세 가지는 분리해서 생각할 영역이 아니다. 같은 흐름으로 움직이고 항상 같이 맞물려서 변화하기 때문에 항상 함께 고민할 필요가 있다.

② 규모보다 속도

지금은 규모보다 속도의 시대이다. 예전에 팟캐스트에서 이런 이야기를 들은 적이 있다. 4차 산업혁명의 최전선에서 일을 하는 한 대표님은 아이디어의 유효기간이 3주라는 이야기를 하셨다. 주제를 받아 포럼을 준비하고 있었는데, 3주 만에 그 시장 자체가 전혀 다른 흐름으로 바뀌게 되어 준비하던 발제문을 엎었다는 이야기를 들은 적이 있다. 물론 인공지능 시대의 최전선에 위치한 분야의 이야기지만, 그렇다고 그냥 웃어넘길 이야기가 아니다. 그 누구도, 어떤 업이든 트렌드에서 자유로울 수 있는 분야는 없다. 속도의 시대라는 것은 결국 타이밍의 시대라는 것이다.

60년 주기로 고객을 분석해서 제품을 생산했던 과거와는 차원이 다른 시대가 도래했다. 기업이 덩치가 크면 일의 속도가 느려진다. 아이디어를 하나 내고 승인을 받는 데에도 수많은 절차와 결재라인을 거쳐야 한다. 그리고 그렇게 조직의 라인을 따르는 동안 시간은 허비되고, 시장의 판이 바뀐다는 것이다. 덩치가 큰 조직보다 민첩한 기동력을 가진 스타트업이나 1인 기업들의 파이가 커지고 있는 것이 단순한 현상은 아니다. 이미 시대의 흐름은 바뀌었다.

③ 구글이 일하는 방식

현재 세계 1위 기업인 구글도 최근 일하는 방식에 변화를 주었다. 철저한 계획 대신 재빠른 실험으로 속도를 최대화해서 기회를 주도하겠다는 것이 구글의 방침이다. 실패할까봐 두려워서, 리스크가 두려워서라는 핑계를 대지 않고 과감하게 시도하고, 재빠르게 피드백하고 보완해서 빠른 속도로 고객들 앞에 다가가는 전략을 쓰는 것이다.[6] 다양한 대기업에서도 TF팀(Task force team)[7] 전략을 강화해서 속도에 주력을 내고 있는 것도 같은 흐름이다.

결국 1인 기업가는 민첩한 기동력을 바탕으로 속도전에서 우위를

6 《매일경제》, 2018.07.06, "철저한 계획 대신 재빠른 실험 … 그게 구글이 일하는법."

7 TF팀: 프로젝트 팀(project team)이라고도 하며, 특정 프로젝트 과제를 위해 각 전문가들이 모여 팀을 이룬 것으로, 일정 성과가 달성되면 그 조직은 해산되는 방식이다. TF팀원들은 의사소통 및 조정이 쉽고 행동력이 빠르며 조직 내 직위의 권한보다도 능력과 아이디어를 위주로 명확하고 신속하게 행동하는 팀이다.

차지해야 생존할 수 있다. 그렇기 때문에 끊임없이 트렌드를 공부해야 한다. 트렌드를 분석하는 것은 내가 쌓아온 가치를 보다 빠르게 끌어올릴 수 있는 좋은 방법이기 때문이다.

강의로 비즈니스모델 구축하기

나는 자기탐색을 바탕으로 자기계발분야의 콘텐츠를 만들었고 이는 다시 강연으로 연결되었다. 여기서 말하는 강연은 일반적인 강연과는 조금 성격이 다르다. 기획부터 모집, 홍보, 상담, 접수, 장소 대관, 안내 등 처음부터 끝까지 강연 기획을 내가 컨트롤하는 것을 의미한다. 강사는 하고 싶은 강의를 할 수 있고, 참여자 또한 스스로 원해서 강의를 찾고 신청하기에 일반적인 교육보다 양쪽 모두가 높은 만족도를 낼 수 있는 강의 형태이다. 나의 경우 주로 소그룹으로 과정을 개설하고 있는데 강사도 선택과 집중을 할 수 있어서 편하고, 참여자들의 사전설문을 통해 맞춤형 강의가 진행되기에 만족도가 매우 높은 편이다.

그러나 이 상황은 강사가 브랜딩이 되었을 때 가능한 이야기다. 모객이 가능할 정도로 강사 자신이 브랜딩이 되면 외부강연에 휘둘리지 않고 진득하게 본인만의 주제를 깊이 있게 연구하고 지속적으로 강의를 하며 내용을 보완하고 업데이트할 수 있게 된다. 그래서 브랜딩이 필요하다. 나를 드러내는 주요 콘텐츠와 그것을 알리는 채널이 꾸준하게 성장하는 경우 나만의 콘텐츠로 만들어 그것을 바탕으로 메인 강의를 스스로 개설할 수 있다.

1. 자체 개설 강좌 운영 노하우

① 미리 가서 준비한다

매주 토요일 강남에서는 가치성장연구소의 다양한 강좌들이 진행된다. 보통 나는 강연 4시간 전 강연장 근처 카페에서 최종적으로 강연 점검을 한다. 미리 강연장 근처에 가서 준비하는 것이 습관이 되었는데, 나의 경우 거주하는 곳이 청주이고 주로 강의하는 곳은 서울인지라 생각해야 할 변수들이 많았다. 고속도로 사정, 지하철 상황뿐만 아니라 시간, 요일, 계절별로 발생하는 변수들을 고려해야 했다. 특히 출퇴근 시간대, 주말에는 좀 더 밀렸고, 여름엔 폭우, 태풍, 겨울엔 폭설 등의 변수들이 있기 때문에 언제나 넉넉히 도착해서 여유 있게 준비를 했다. 마음이 여유로워야 강의도 편하게 진행할 수 있다. 당연히 강의에 참여하는 분들도 여유로운 강사를 봐야 마음 편히 강의에 집중하게 된다.

생각해보자. 강사가 참여자들보다 늦게 도착해서 우왕좌왕 땀 뻘뻘 흘리며 오프닝을 한다면 그 강사를 어떻게 믿고 강의를 듣겠는가? 미리 도착해서 준비하며 기다리는 것은 기본 중의 기본이다.

그리고 내가 개설하는 과정의 참여자들은 대체로 미리 오셔서 여유 있게 강의를 기다리는 편이다. 강연에 늦는 분들은 거의 없고 보통 수업 시작 전 강연장에 도착하시는 분들이 대다수인데 강연장에 불도 꺼져있고, 만약 직원도 없고 아무런 세팅이 되어있지 않는다면 얼마나 당황스러울까? 미리 오는 참여자분들을 배려하는 마음에서라도 강사는 부지런해야 한다.

실제로 강연장에 일찍 도착했어도 기기 장비 문제로 당황했던 경우가 있었다. 빔프로젝트가 갑자기 연결이 잘 안된다던지, 아니면 냉난방 문제가 발생하는 등의 생각지도 못한 상황은 언제든지 발생할 수 있다. 나처럼 혼자서 강의를 하는 사람들은 이런 일들을 강의 전에 해결하지 않으면, 강의 중간에 스스로 해결해야 하기 때문에 난감해질 수가 있다. 강의의 맥이 끊기는 것은 물론이거니와 참여자에 대한 예의도 아니다. 미리미리 준비해서 나쁠 것은 하나도 없다.

② 아무리 준비해도 과하지 않다

내가 진행하는 수업은 8명 정도의 소그룹 과정일 때가 많은데 실습도 함께하는 수업이 있어 준비해야 할 자료들이 많은 편이다. 강사 개인장비(노트북, 레이저포인터, 각종 충전기, HDMI 케이블)는 기본이고 수업에 필요한 실습지, 선물, 다과, 음료 등을 늘 준비한다. 그런데 나는 늘 1~2개씩 넉넉히 준비한다. 혹시 모를 상황에 대비하여 여유분을 마련해놓는 것이다.

최종 강의안도 노트북 바탕화면에 저장해놓고, 에버노트에도 저장해놓고, 이메일과 USB에도 보관해서 이중삼중으로 저장해놓는다. 준비는 아무리 해도 과하지가 않다.

장비 또한 마찬가지이다. 노트북, 어댑터, 레이저포인터와 HDMI 연결 케이블까지 따로 준비를 하는데, 누가 보면 너무 과하지 않느냐고 말할 수도 있겠지만 실제로 지방 강의를 진행할 때 개인적으로 준비한 HDMI 연결 케이블이 아니었으면 수업이 많이 지연될 뻔한 적이 있었다. 강연장에서 준비해놓은 케이블이 갑자기 고장이 났던 것이다. 그럴 때 미리 준비를 했다면 가만히 앉아서 해결이 될 때까지 기다리는 게 아니라 내가 적극적으로 상황을 해결할 수 있게 된다.

③ 오프닝 멘트는 자신 있게!

강사는 참여자에 대한 예의와 매너가 있어야 한다. 어떤 예의냐면 바로 '참여자들이 강의에 집중할 수 있도록 환경을 조성하는 것'이다. 강사가 불안해하면 참여자들은 강의에 집중할 수 없게 된다. 따라서 믿고 따라올 수 있게, 불안하지 않게 오프닝에서 믿음을 심어주는 것이 중요하다. 편하게 강의를 들으며 서서히 강의에 몰입될 수 있도록 만드는 것도 강사의 역량이다. 따라서 자신 있게 시작하고, 자신의 전문성을 드러내는 이야기를 살짝 언급하는 것도 좋다. 여기서 너무 가면 자기자랑이 되지만, 신뢰가 생겨야 몰입도도 높아진다. 여기서 중요한 것은 '자기자랑'이 아니라 '전문성과 믿음'에 근거한 멘트를 하는 것이다. 참여자들은 강사의 자랑이 아니라 내용을 들으러 온 것이다. 핵심을 벗어나지는 말자.

나는 시간관리 강좌를 진행할 때 내가 10년 넘게 시간관리를 고민하고 연구해왔다는 것을 말씀드리며 10년 전 내가 사용하던 플래너를 사진으로 보여드린다. 그냥 '시간관리를 연구한 서지은 소장입니다'와 '10년 넘게 시간관리에 대해 고민하고 연구한 서지은 소장입니다'는 느낌 자체가 다르다. 그리고 이렇게 생성된 초반의 믿음은 강의 끝까지 참여자들의 몰입도를 좌우한다. 그리고 말만 하는 것이 아니라 내 이야기를 뒷받침할 수 있는 자료를 한 컷 정도 보여드리며 신뢰를 증폭시킨다. 여기저기서 베낀 자료로 강의를 하는 것이 아니라, 적어도 이 수업을 들으면 10년 동안 자신이 해온 시간관리의 노하우와 습관의 지속방법을 나눠주겠구나 하고 생각할 수 있게 분위기를 이끄는 것이다. 직접적으로 언급하지 않아도 이렇게 간접적으로 참여자들이 오늘의 수업을 통해 무엇을 배울 수 있을지, 어떤 부분에 도움을 받을 수 있을지 스스로 생각할 수 있도록 도와드리는 것도 강사가 오프닝 때 해야 하는 일이다.

④ 이런 멘트는 절대 하지 말자!

'부족하지만 열심히 해보겠습니다.', '제가 준비를 많이 못했지만 잘 들어주시면 감사하겠습니다.' 등의 멘트는 절대로 하지 말자. 비싼 강의료와 비싼 시간을 투자해서 온 참여자들이 왜 당신의 상황에 너그러워져야 하는가? 강의시간에 강사가 하는 멘트는 수강생에게 많은 영향을 미친다. 특히 과정 전체를 좌우할 수 있는 오프닝멘트에 부정적이거나 하지 않아도 될 이야기를 굳이 해서 강의 만족도를 떨어뜨릴 이유가 전혀 없다.

사람들은 어떤 정보를 알게 됐을 때, 처음 입력된 것에 초점을 두는 심리적인 효과가 있다고 한다. 심리학 용어로 초두효과라고 하는데 누구나 처음에 제시된 정보가 다른 것에 비해 더 강력한 영향을 받게 된다는 것이다.

그리고 이 원리는 강의에서도 적용된다. '부족하지만, 열심히 해보겠습니다.'라고 하면 '아 저 강사는 열심히 하는 강사구나'가 아니라 '저 강사는 뭔가 부족하구나.'라고 생각하게 된다는 것이다. '제 셔츠가 좀 이상하죠? 방금 점심 먹다가 찌개가 셔츠에 튀었는데, 양해 부탁드립니다.'라는 멘트를 초반에 하면 아무리 훌륭한 강의였을지라도 청중들은 내용에 집중하기보다 강사의 셔츠에 집중하게 되는 현상이 벌어진다.

긍정적인 멘트든 부정적인 멘트든 일단 처음에 언급된 키워드에 초점이 맞춰지기 때문에 강사가 의도한 것과 전혀 다른 방향으로 강의가 인식될 수 있다는 것을 염두해야 한다. 겸손함의 의미가 수강생들에게는 다른 의미로 비춰질 수 있으니 멘트 하나도 신경 써서 준비하자.

뿐만 아니라 오프닝 멘트 못지않게 중요한 것이 마지막 멘트이다. '부족하지만 저의 강의를 들어주셔서 감사합니다.'라고 마무리를 한다면 다 된 밥에 재 뿌리는 격이다. 강의시간 내내 아무리 좋았어도 이 강의는 '부족한 강의'라고 인식이 되기 십다.(최악은 오프닝 때도 '부족하지만 열심히 해보겠습니다.'와 엔딩 때 '부족한 강의 들어주셔서 감사합니다.'라고 이 두 문장을 모두 말하는 것이다.) 같은 의미라도 어떻게 표현하느냐에 따라 강의의 이미지가 달라질 수 있다. 그리고 강의 평가에도 영향을 미친다.

멘트의 오프닝과 엔딩을 잘 생각하자. 보는 이들도 조마조마하면서 듣는 강의가 아니라 연신 고개를 끄덕이게 만들 수 있는 강의는 강사가 만드는 것이다. 불안해하는 강의가 아니라 기대할 수 있는 강의로 시작해서 '역시 유익했어!'라는 마음이 들 수 있도록 마무리하는 것 역시 강사의 자질이다.

⑤ 무엇을 지향할 것인가?

자체 개설 강의는 외부강의와 준비하는 시스템이 다르다. 강의 내용만 준비하는 게 아니라 기획부터 본인이 하는 것이다. 참여자들을 직접 모집하는 시스템이기 때문에 참여하는 수강생의 인원에 따라 강사 수익이 달라진다. 일반적인 강연이라면 주최 측에서 이미 정해 놓은 액수에 따라 강의료가 책정되기 때문에 1명이 오든 10명이 오든 강의료에 영향을 미치지 않지만 자체 개설 강좌는 상황이 다르다.

예를 들어 예전에 개설했던 한 프로그램의 수강료가 5만 원이었던 적이 있었는데, 신청자가 1명뿐인 상황이 발생했다. 대략 생각만 해도 마이너스가 되는 상황이었다. 참여비가 5만 원이지만 그 수업을 진행하러 서울로 가야하기 때문에 왕복 차비만 해도 2만 원이 넘고, 장소대관(실제로 오는 사람이 1명이든 2명이든 예약한 강연장의 비용을 지불해야 한다), 음료 비용만 해도 이미 수익 면에서는 마이너스였다. 이때 대부분의 강사들은 수업을 취소하겠지만 나는 오히려 최선을 다해 코칭을 진행했다. 어쩌다보니 1:1 맞춤 코칭이 된 셈이다. 당연히 만족도가 높을 수밖에 없고 그때 참여해주셨던 한 분이 다른 분들께도 추천해주고 입소문을 내주셔서 장기적으로 좋은 기회가 되었던 기억이 있다.

내 수업은 여러 가지 주제의 과정이 있지만, 하나의 강의만 듣는 분은 거의 없다. 시간관리 수업에 참여한 수강생들이 브랜딩을 위한 블로그 글쓰기 수업도 듣고, 1인 기업가 수업도 듣고 또 온라인 프로젝트도 함께하면서 그날 받았던 동기부여와 의지를 습관으로 만들려고 애쓰는 분들이 참 많이 계신다.

결국 중요한 것은 신뢰다. 그리고 신뢰는 약속으로부터 시작된다. 내가 그날 강좌를 개설하기로 해놓고 1명밖에 신청을 하지 않았다고 취소한다면 그 분은 어떤 생각을 하겠는가? 10명은 중요하고 1명은 중요하지 않을까? 아니다. 한 분 한 분 다 소중한 관계이고, 약속을 한 상태라면 지금 당장은 수익적인 면에서 손해일지 몰라도, 장기적으로 봤을 땐 그 수익보다 훨씬 더 큰 가치인 신뢰를 얻게 되는 것이다. 현명한 강사는 이런 지혜를 볼 수 있는 안목이 있어야 한다.

그러나 여기서 오해하지 말아야 할 것은, 1년이고 2년이고 계속 1명밖에 신청하지 않아도 항상 개설을 해야 한다는 의미는 아니다. 이렇게 신뢰를 쌓고 입소문을 통해 유명해지면, 그 다음부터는 강좌를 줄여나가야 한다. 사람 관리도 중요하지만, 더 중요한 건 강사 자신의 에너지 관리이다. 물론 강좌의 개설 확정과 취소가 되는 조건에 돈이 전부는 아니지만, 어느 정도 안정기에 접어들었다면 이제는 강사 본인의 에너지관리를 최우선적으로 생각해야 한다. 하루만 하고 말 것도 아니고, 이번 달만 하고 말 것도 아니다.

초반에 에너지 관리나 건강 관리를 못해서 건강을 잃고 힘들어하는 강사들을 많이 보았다. 시작하는 초기에야 그것을 뛰어넘는 열정과 의지가 있어 괜찮을지 몰라도, 어느 정도 익숙해지고 적응하게 되면 오랫동안 이 일을 지속할 수 있도록 에너지 관리를 하는 것이 더 중요하다. 과도하게 몸을 혹사시키지 말자. 일중독이 무조건 좋은 것은 아니다. 좋은 사람들을 오랫동안 만나고, 좋은 메시지들을 계속해서 나누고 싶다면, 지혜롭게 건강 관리와 에너지 관리를 하는 자세도 꼭 필요하다.

2. 외부강의

콘텐츠를 만들어서 청중에게 메시지를 전달한다는 측면은 같지만, 외부강의는 소그룹에서 이루어지는 자체개설 강의와 성격이 많이 다르다. 보통은 의뢰가 들어오면 강의 주제를 가장 먼저 확인하는 편이다. 대부분 의뢰기관 측에서 원하는 주제가 있을 때가 많은데, 의뢰 강연이지만 '서지은 소장님이 하시고 싶은 말씀 마음껏 해주세요'라고 전적으로 나를 믿고 의뢰해주실 때도 종종 있다. 이렇게 주제 및 핵심 메시지를 가장 먼저 파악하는 까닭은 강의 일정과 준비시간을 예상해볼 수 있고, 중심주제가 잡혀야 다음 단계에 착수할 수 있기 때문이다.

강의 주제가 확정되면 그 다음엔 청중을 파악한다. 같은 주제, 같은 콘텐츠라 할지라도 강연을 듣는 청중에 따라 자료들이 많이 달라질 수 있기 때문이다. 예를 들어 학교에서 시간관리 강의 요청이 들어와도 초등학생이냐 고등학생이냐에 따라 강의 자료 자체가 달라진다. 실제로 초등학생 리더십캠프 3주 과정을 준비하면서 내가 가장 많이 구입해서 본 책은 동화책과 위인전이었다. 또 같은 초등학생 중에서도 저학년이냐 고학년이냐에 따라 강의 내용이나 수준이 달라지기도 한다. 나이뿐만 아니라 청중의 남녀비율도 중요하다. 외부강연은 본인이 스스로 원해서 참여하는 게 아니라 거의 대부분이 타의로 참여하게 되는 경우가 많다. 따라서 초반에 아이스브레이킹 과정이 필수인데, 이렇게 남녀구분 및 나이 정도만 알고 있어도 오프닝 부분을 준비하는데 훨씬 수월하다.

내가 또 하나 체크했던 것은 날짜이다. 나의 주요 콘텐츠가 자기계발(독서, 글쓰기, 꿈, 시간관리 등) 분야이기 때문에 외부강연은 학교에서 의뢰가 많이 들어오는 편이다. 회사라면 상황이 조금 다를 수 있으나 학교는 보통 학기별로 반복적인 일정이 시행되기 때문에 강연일자가 언제인지 확정되면 준비하기가 훨씬 좋다. 중간고사, 기말고사 등의 중요한 일정 앞뒤로는 잡지 않는 것이 현명하다. 보통은 시험기간 전만 고려를 하는데, 학교 강의를 많이 다녀보면 오히려 시험 직후가 가장 집중도도 떨어지고, 많이 해이해지는 시기이기 때문에 시험기간 직후도 피하는 것이 좋다.

굵직한 사항들이 모두 확정되었다면 본격적으로 강의 준비를 한다. 기획 단계를 거쳐 자료수집 단계에 들어가고 이후에 자료의 구조화 단계를 거쳐 피피티 작성과 강의 시뮬레이션 단계로 진행된다.

첫 시도는 언제나 시간이든 물질이든 많이 투자해야 한다. 내가 했었던 첫 번째 초등학교 강의는 참고도서를 구입하는 부분에만 40만원이 들기도 했다. 이것도 원하는 자료가 있을 때의 상황이고, 자료가 없을 때에는 직접 만들거나 외주를 주기도 한다. 그렇게 강연의 완성도를 높이기 위해 투자한다.

보통 자료수집만 몇 주가 걸리기도 한다. 사실 하루 만에 강의안을 뚝딱하고 만들 수는 없다. 그렇기에 미리 준비해놓은 자료는 이때 빛을 발한다. 앞서 소개한 '나만의 토피카'를 만드는 것도 여기에 포함된다. 평소에 책을 읽기만 하는 게 아니라, 적어도 키워드라도 분류를 해놨다면 이때 시간이 많이 절약된다. 더 나아가 자료를 수집해서 분류해 놓았다면, 키워드에 맞게 자료를 찾아서 활용하면 되기 때문에 강의를 준비하기가 훨씬 수월해진다. 그렇다고 케케묵은 자료를 활용하라는 것이 아니다. 오랫동안 쌓아왔던 자료들은 내용의 전문성을 뒷받침해줄 것이고, 최신 자료들을 계속 업데이트 한다면 깊이 있는 강연 내용을 준비하는 동시에 최신 트렌드까지 반영할 수 있으니 더할 나위 없이 좋은 강의가 될 것이다.

3. 강의를 준비함에 앞서

자료는 많이 준비해놨는데, 강의안의 구조를 짜는데 있어서 힘들어하는 분들이 종종 계신다. 처음이면 누구나 당연한 것이다. 그럴 때 구조를 짜서 나만의 방식으로 매뉴얼로 만들면 언제든 자료를 그 짜임새에 맞춰서 넣기만 하면 되니 훨씬 도움이 된다.

아이디어를 구조화하는 방법은 굉장히 많지만, 내가 주로 사용하는 방법은 What-Why-How를 논리적으로 기획할 수 있는 로직트리 기법이다. 핵심내용을 청중에게 명확하게 전달하면서 동기부여까지 할 수 있어 자주 활용하고 있다.

강의를 진행할 때에는 What, Why, How 이 세 가지가 모두 중요한데 먼저 What은 무엇에 관한 메시지인지 참여자가 명확하게 알 수 있어야 하는 부분이다. 이때 너무 많은 것을 담기보다는 하나라도 구체적으로 알려주는 편이 차라리 낫다. 소그룹 강좌나 아카데미처럼 장시간 함께 이야기를 나눌 수 있다면 다양한 메시지를 담는 것도 좋겠지만, 보통 외부강연의 경우 길어야 2시간 안팎이기 때문에 초반에 오프닝 시간과 마지막 질의응답과 엔딩 시간, 그리고 중간에 영상 시청 시간이라도 있으면 결국 실제 강연 시간은 1시간 정도로 줄어든다. 따라서 What은 간결하고 명확하게 전달하는 것이 좋다.

Why는 왜 What을 해야 하는 지에 관한 이야기를 전달하는 부분이다. 이 강의가 수강생들에게 왜 필요한지 현재의 문제점을 파악해서 근본적인 본질에 다가갈 수 있게 하는 과정이다. 더 나아가 이 부분이 해결되면 어떠한 결과를 얻게 되는지 기대효과를 전달하는 것도 좋다. 보통 이 부분에서 강사의 역량이 많이 좌우된다. 전달하고자 하는 내용을 머리로만 전달하는 것이 아니라 마음으로 전달하는 과정이기 때문에 시간적으로는 짧아도 이 부분의 만족도에 따라 청중의 강의 몰입도가 달라진다. 장황한 부연설명보다 한마디의 강력한 Why를 언급하는 게 강한 힘을 발휘할 때가 있다. 이것이 이래서 좋고, 저래서 좋고 보다는 '왜 이것을 해야 하는지'에 대해 강의에 녹여보자. 머리로만 이해하는 게 아니라 마음을 움직이게 할 수 있는 강의가 진짜 훌륭한 강의다.

이때 사례나 에피소드를 적극적으로 활용하는 편이다. 직접 경험한 것도 좋고 간접적으로 경험한 것도 좋다. 특히 강사 본인의 사례라면 청중들에게 더욱 생생하게 전달할 수 있기 때문에 더 좋다. 나는 개인적인 사례를 적극적으로 활용하는 편인데, 특히 실패 사례와 그 실패를 어떻게 극복했는지의 사례를 풀어서 강의에 녹여내는 편이다. 좋았던 점, 성공한 이야기만 하는 것보다 때로는 이렇게 실패 사례를 오픈하면 교육생들과 공감대를 형성할 수 있고, 그 공감대는 다시 강의의 집중과 몰입으로 연결된다.

초반에는 이렇게 참여자들이 공감할 수 있는 스토리를 전달함으로서 라포를 형성하는 게 중요하다. 마음을 연 상태에서 메시지를 받는 것과, 그렇지 않는 상태에서 강의를 하는 것은 청중뿐만 아니라 강사 본인에게도 행복했던 강의와 힘들었던 강의로 기억에 남게 된다.

세 번째로 구체적인 방법을 알려주는 How의 영역 또한 매우 중요하다. 요즘같이 바쁜 시대에 What과 Why에 대해서만 백날 이야기해봤자 아무도 귀담지 않는다. 좋은 메시지를 듣고 실천하려면 구체적인 How에 관해서도 당연히 전달해야 한다. 그래서 어떻게 해야 하는지 방법론에 대해 친절히 알려줘야 하는 것은 강사의 의무이다. What과 Why만 있다면 내 자랑만 하다 끝나기 쉽다. How의 영역은 What과는 다르게 좀 더 다양하고 풍부한 내용을 담는 것이 좋다. 어떻게 해야 하는 것인지 하나의 방법이나 기법만 설명하기보다 다양한 사례를 소개해서 수강생 본인에게 맞는 것을 선택할 수 있도록 안내자의 역할을 하는 것이 좋다.

4. 처음 강의를 시작하는 분이라면

① 직접 경험하며 배우자

많이 읽었기에 글을 쓸 수 있었고 많은 강연에 참석해봤기에 강의를 할 수 있었다. 좋은 경험은 배우고, 실망했던 강의들은 이유를 분석해서 반면교사로 삼자.

내 강의에 자기자랑이 없는 이유는 강의 오프닝 내내 자기자랑만 하던 강사가 싫었기 때문이다. 이미 다 알고 찾아간 사람들인데 굳이 그걸 또 이야기할 필요는 없다. 바쁜 사람들이 시간 쪼개서 지식과 정보를 배우기 위해 참여한 건데, 이상한 부분에서 시간 뺏는 도둑이 되지는 말자.

고액 아카데미(수백만 원)도 참여해봤는데, 물 한 잔 주지 않는 과정도 있었다. 물론 물을 마시기 위해 강의를 신청한 것은 아니지만 인색하다는 생각이 들었다. 장시간 동안 진행되는 수업과정은 강사뿐만 아니라 듣는 분들도 힘들다. 엄청난 집중력과 에너지를 필요로 한다. 간단한 음료나 물, 하다못해 초콜릿 하나라도 대접하자. 결국엔 참여자들이 집중해야 강사도 더 몰입해서 강의를 할 수 있고 에너지를 낼 수 있다.

② 나만의 스타일을 찾자

책을 고를 때도, 강의를 들을 때도 나와 궁합이 맞는 스타일이 있다. 내 스타일을 알아야 한다. 다른 사람 스타일을 그대로 모방하거나, 잘나가는 사람들 따라하려고 하지 말고, 내 스타일을 파악하고, 가장 나다운 것을 견고하게 하기 위한 훈련을 하자. 유명인들 따라가려다가 이도저도 안 된다.

역으로 생각해보자. 나의 경우 강의 피드백을 받으면 비슷한 내용들이 많이 나온다. 따듯한 느낌, 위에서 강압적으로 가르치는 느낌보다는 함께 한다는 느낌, 용기를 주는 느낌, 위로가 되는 느낌 등의 피드백을 많이 받게 되는데, 사실 그게 가장 나다운 스타일이다. 내가 그 스타일을 좋아하기 때문에 강의도 그런 스타일로 진행하는 것이다. 실제로 나는 자기계발 특강을 듣거나 강연을 찾아갈 때에도 나와 비슷한 성향을 가진 강사들의 강의를 많이 찾는다. 그런 분들의 강의를 들었을 때 그 효과가 배가 되기 때문이다.

나는 유머러스한 화법도 맞지 않고, 독설은 더더욱 맞지 않다. 소위 센 언니 느낌의 강연도 그리 좋아하는 편이 아니다. 따뜻하고, 용기를 주는, 그래서 '나도 할 수 있을 것 같아'라는 의지를 불러일으키는, 그런 느낌을 좋아한다. 토닥토닥 거리는 느낌의 따뜻하고 차분한 분위기와 더불어 명확한 메시지를 전달하는 게 내 강의 스타일이다. 나 자신부터 그런 느낌의 강연을 좋아하기 때문에 그런 스타일의 강연을 하게 된 게 아닐까?

세상에 좋은 강의는 참 많다. 그러나 내가 원하는 강의를 내가 원하는 스타일로 하는 강사는 많지 않다. 시너지효과를 내기 위해선 이 두 가지를 모두 충족시킬 수 있어야 한다. 브랜딩이 구축되고, '나'라는 사람이 수면 위로 드러나게 되면 독자들, 고객들은 알아서 나를 찾게 된다. 그러니 독자를 찾아서 중심 없는 스타일을 만들지 말고, 나만의 스타일을 찾아서 그것을 더욱 견고하게 해보자.

따뜻한 느낌 좋아하는 교육생, 독설 좋아하는 교육생, 유머러스한 것을 좋아하는 교육생, 옆집 언니 같은 느낌을 좋아하는 교육생 등 세상의 교육생들은 많으니 걱정하지 말고 나를 더 알아가자. 맵다고 물을 타면 밍밍해진다. 결국 매운 것 좋아하는 고객과 순한 것 좋아하는 고객 둘 다 잃는다. 맵다고 난리면 더 맵게 하는 것이 팬층을 강화하는 하나의 방법임을 잊지 말자.

5. 가장 중요한 것은 본질

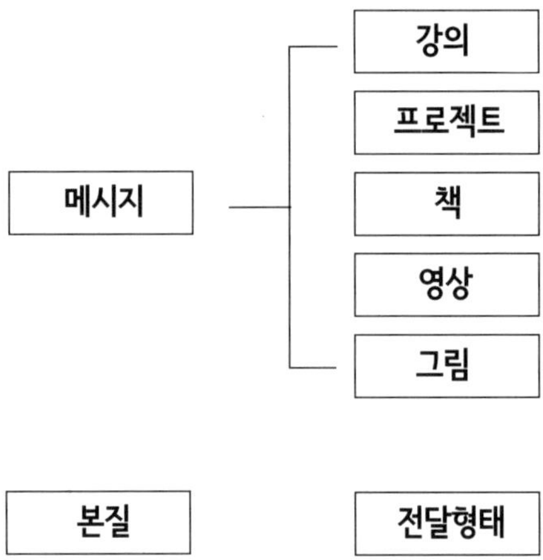

[그림 6] 명확한 메시지는 다양한 형태로 전달될 수 있다

강의든, 프로젝트든, 광고든, 이미지든, 영화든 간에 가장 중요한 것은 본질이다. 강의나, 코칭, 프로젝트 등은 그 본질을 전달하는 다양한 형태 중 하나인 것이다. 영화를 만드는데 있어 아무리 영상미가 좋

고, 유명한 배우들을 섭외한다 해도 결국엔 메시지가 명확해야 관중들도 반응을 하게 된다.

1인 기업가도 마찬가지다. 많은 1인 기업가들이 필연적으로 강연을 하게 되는데, 강연 전반에 대한 환경세팅도 물론 중요하지만, 더 중요한 것은 강연의 본질적인 메시지이다. 좋은 장소, 최신 기기, 쾌적한 환경, 세련된 PPT도 다 좋지만 가장 중요한 것은 본질이다.

강의의 본질은 내용이다. 아무리 좋은 환경의 강의였어도 참여자들이 집으로 돌아가면서 '그래서 오늘 무슨 내용이었더라?'라고 생각한다면 결코 좋은 강의라 할 수 없다. 그 순간 아무리 재미있고, 유쾌했어도 돌아가서 남는 게 없다면 그것은 유익한 강의라 할 수 없을 것이다.

강연장 환경, 온도, 조명, 시각자료, 청각자료 등은 모두 강의의 내용에 집중을 돕기 위한 주변 환경인 것이다. 그리고 주변 환경은 본질이 제대로 드러났을 때 진가를 발휘할 수 있다.

따라서 시작하는 1인 기업가들은 본질에 대해 깊이 고민해보는 자세가 꼭 필요하다. '나는 이 일을 왜 하는가'에 대해 질문해보며 나만의 핵심가치를 파악하고, 그것에 부합하는 일들을 하며 나의 업을 확장시켜 나가는 것이 1인 기업가들에게 필수적인 과정이다.

가치성장연구소의 핵심 포인트는 삶의 가치를 높인다는 데 있다. 그리고 나만의 성장만을 바라는 것이 아니라 함께하는 모든 멤버들의 삶의 가치를 높일 수 있도록 고민하고 연구하는 것에 핵심 기반을 두고 있다.

나는 1인 기업가로서 이것저것 하는 일들이 많아서 종종 내가 무슨 일을 하는지 궁금해하시는 분들이 있다. 그러면 나는 간단히 딱 한마디로 나를 표현한다. "저는 자기계발러입니다." 여기서 내가 정의하는 자기계발의 진정한 의미는 내가 원하는 삶의 방향에 따라 내 삶을 리드하는 것이다. 나 스스로가 기준을 정하고, 그것에 맞는 인생을 설계할 수 있는 것이 진정한 자기계발인 것이다. 다른 사람과 비교하며 나 자신을 깎아내리는 인생이 아니라, 나만의 판을 스스로 만들어 행복한 삶을 설계하는 것이 바로 내가 지향하는 인생관이자 업의 철학이다.

삶의 가치를 높이기 위해서 인생의 핵심가치를 정립하고, 삶의 기준을 정해 나 자신을 리드할 수 있는 것이 바로 자기계발인 것이다. 그래서 가치성장연구소에서 하는 모든 일은 이 핵심가치에 부합하는 일이다. 같은 메시지라도 전달하는 방법에 따라 다양한 형태로 나타나기도 하고, 또 여러 메시지를 만들어내기도 하지만, 모든 콘텐츠는 "삶의 가치를 높인다."는 문장으로 요약할 수 있다.

무엇을 해야 할지, 어떻게 준비해야 할지 아무리 고민해도 모르겠다면, 혹은 해야 할 일들이 너무 많아 본질이 뒤죽박죽이라면 내가 하고 싶은 말이 무엇인지 고민해보자. 한 문장으로 정리할 수 있어야 2~3시간의 강의로도 만들 수 있고, 온라인 프로젝트로도 만들 수 있고, 책으로도 만들 수 있는 것이다. 늘리는 것보다 더 어렵고 중요한 것이 바로 줄이는 것이다.

일단 무슨 일을 해야 할지 고민이 된다면, 내가 이 일을 통해 어떤 가치를 전달하고 싶은지를 먼저 고민해보자. 본질이 탄탄해야 무엇을 해도 살아남는다. 강의, 프로젝트, 광고, 영상 등 무엇을 할 것인지는 그 다음 단계이다.

3장

브랜딩 구축하기

1인 기업가에게 브랜딩이란?

'Think different'라는 슬로건을 보면 애플이 떠오르고, 'Just do it'이라는 슬로건을 보면 나이키가 떠오를 것이다. 스마트폰 하면 애플이 생각나고, 런닝화 하면 나이키가 떠오르는 이유는 브랜딩이 완성되었기 때문이다. 브랜딩이란 기업이 지향하는 철학을 브랜드에 심어 지속적으로 고객에게 인식시켜가는 과정을 의미한다. 지속적으로 고객들에게 브랜드 콘셉트와 가치를 노출시키면 고객은 무의식적으로 그것을 인식하게 되고 자연스레 브랜드파워가 생긴다. 스마트폰=애플, 런닝화=나이키라는 공식이 생기는 것이다. 이렇게 한 분야에서 고객의 무의식에 기업 이미지, 가치, 철학을 떠오르게 하는 것이 브랜딩이다. 단순한 마케팅보다 훨씬 파워가 강력하기 때문에 기업에서는 브랜드 가치를 높이기 위해 천문학적인 비용을 투자하고, 시간을 투자해서 기업 이미지와 브랜드를 만들어가려고 노력한다. 이렇게 기업이 브랜딩을 만들어가는 것처럼 개인도 브랜딩을 만드는 것이 가능하다. 그리고 1인 기업가가 퍼스널 브랜딩을 구축하는 것은 가장 기본적인 요소 중 하나이다.

1인 기업가에게 퍼스널 브랜딩이란 나를 수면 위로 떠오르게 하는 과정이다. 그 안에는 1인 기업가가 추구하는 가치와 철학이 스며들어야 한다. 결과적으로 내가 생각하는 나의 가치와 독자들이 생각하는 나의 가치가 일치하도록 만들어가는 과정이 브랜딩이다. 따라서 브랜딩이란 한 지점에서 끝나는 것이 아니라 계속해서 그 과정을 만들어가야 하는 것이고, 지속적으로 나의 가치를 높여감으로써 본인의 브랜딩을 더욱 강화시킬 수 있다. 이런 의미에서 브랜딩은 단순 판매(Sales)와 홍보(Marketing)를 넘어선 최상위 개념이 된다.

지금은 증명의 시대이다. 오랜 시간 쌓아온 나만의 콘텐츠가 있다 할지라도 그것이 수면 위로 드러나지 않으면 아무 의미가 없는 시대이다. 열심히 공부를 했다면 시험을 봐서 그것을 증명해야 한다. 토익 성적표도 없이 저 10년 동안 토익공부 정말 열심히 했어요! 라고 말하는 것은 아무런 의미가 없다. 내가 시간을 들여 투자한 노력을 외부에 증명하라. 지금은 증명의 시대이다.

좋은 제품을 많이 만들고, 훌륭한 책을 쓰고, 콘텐츠를 보유하고 있다 해도 브랜딩이 되지 않으면 세상에 나를 알릴 수 없다. 반면에 경력이 오래 되지 않았어도 블로그나 다른 SNS를 통해 브랜딩이 구축된 사람이라면 보다 수월하게 나를 세상에 알릴 수 있다. 콘텐츠의 퀄리티도 중요하지만 그것은 1단계이다. 좋은 콘텐츠를 가진 사람들은 정말 많다. 그러나 그들 중 일부만 성공하는 이유는 바로 브랜딩의 차이 때문이다. 좋은 콘텐츠를 확보하고 있지만 그들 중 많은 이들이 성공하지 못하는 이유는 개인 브랜딩이 만들어지지 않았기 때문이다. 지금 시대에 정말 중요한 것은 '나를 어떻게 세상에 알리는가'이다. 퍼스널 브랜딩을 구축하는 것은 나의 존재를 수면 위로 떠오르게 하는 것과도 같다.

제품, 서비스, 교육, 지식, 어떤 영역에서든 내가 무엇을 제공하든 브랜딩이 되어야 의미가 있다. 이미 모든 분야는 포화상태이고 경쟁이 매우 치열하다. 이제 고객들은 더 나은 것을 원하지 않는다. 이미 모든 제품은 상향평준화가 된 시대이기에 품질만 가지고 승부를 보기에는 한계가 있다. 품질은 가장 기본 중에 기본이며, 예선인 것이다. 그 이후 본선은 바로 "브랜딩"의 유무에 있다.

같은 제품, 같은 품질, 같은 서비스인데도 '나를 찾아오게 하는 것'이 바로 브랜딩의 힘이다. 수없이 많은 경쟁자들 사이에서 군계일학이 되는 방법은 퍼스널 브랜딩을 구축하는 것이다. 그렇지 않다면 수많은 사람들 중에 그저 그런 한 명으로 남게 된다. 수많은 기업들 사이에서 나를 드러낼 수 있는 힘은 '나음'도 아니고, '다름'도 아니다. 지금 이 시대의 진정한 브랜딩은 '나다움'을 녹여낸 브랜딩이다.

이러한 브랜딩은 하루아침에 만들어질 수 없다. 그래서 가치가 있는 것이다. 꾸준하게 시간을 투자해서 나만의 콘셉트를 만들어가고 고객에게 그 콘셉트를 인식시켜가는 과정 자체가 브랜딩이기에 가치가 있고 의미가 있는 것이다. 다시 말하자면 이 말의 뜻은 '지금 당장 시작하라'와도 같다. 일주일 만에 뚝딱하고 '서지은'이라는 브랜드를 만들 수는 없다. 시간이 필요한 일이기 때문에 지금부터 시작해야 한다는 것이다.

특히 '지식'을 기반으로 1인 기업을 운영하는 경우 초반부터 브랜딩에 집중 투자해야 한다. 강의나 책, 프로젝트, 컨설팅 등의 일을 하는 지식 기반의 1인 기업가들에게 있어서 브랜딩의 차이는 곧 수익의 차이로 귀결된다. 그리고 이는 다시 전문성의 차이로 연결된다. 이런 식으로 하나의 구조가 만들어지는 것이다.

브랜딩이 만들어지지 않은 1인 기업가는 상대적으로 수익이 적을 수밖에 없다(하루는 24시간으로 정해져있기 때문에 많이 일해서 많이 버는 구조로 가는 것에는 당연히 한계가 있을 수밖에 없다.) 같은 시간 일을 해도 적은 수익을 가져갈 수밖에 없는 구조이기 때문에 당연히 브랜딩이 완성된 1인 기업가보다 수익이 적을 수밖에 없고, 이는 다시 메인 콘텐츠에 투자할 비용이 적다는 것으로 연결된다. 그리고 이는 곧 성장속도가 더디다는 것을 의미하고, 성장속도가 더디다는 것은 전문성이 강화되는 속도가 느리다는 것을 의미한다.

그런데 이게 왜 중요할까? 지금은 속도의 시대이기 때문이다. 성장속도가 더디다는 것은 지식시장에서 내 몸값이 낮아진다는 것을 의미한다. 이렇게 악순환이 반복되기 때문에 당연히 이 시장에서 살아남기 힘들 수밖에 없다.

반면에 브랜딩이 구축되면 어떤 시장에 있어도 독보적인 경쟁력이 생긴다. 남들은 이미 정해진 기준에 따라 일을 하고, 남들이 정해놓은 기준에 맞는 대가를 받지만, 브랜딩이 구축된 사람은 본인의 몸값을 본인이 책정할 수 있다. 같은 시장이라 해도 트랙 자체가 다르다. 나만의 하이패스가 생기는 것, 그게 바로 브랜딩의 힘이다.

브랜딩을 만들어도 좋고, 그렇지 않아도 그만이라고 생각했다면 지금 당장 그 생각을 버려야 한다. 1인 기업가에게 있어 퍼스널 브랜딩은 선택이 아니라 필수조건이다.

브랜딩의 핵심 포인트, 두 가지만 기억하자

우리가 브랜딩을 만들 때 기본적으로 생각해야 하는 2가지 포인트가 있다. 첫 번째는 브랜딩의 주체가 수면 "위로" 올라가야 한다는 것이다. 사람들에게 박나래 알아? 이렇게 질문했을 때, '아니 몰라'라는 답을 듣는다면 예선 탈락이다. '응! 알아'라는 대답을 듣는다면 1단계는 통과다.

그리고 두 번째 포인트는 브랜딩의 주체가 추구하는 콘셉트와 '일치'해야 한다는 것이다. 알긴 아는데 잘못 알고 있거나, 내가 추구하는 콘셉트와 일치하지 않는다면 탈락이다. 예를 들어 만들고자 하는 브랜딩이 '술 좋아하는 박나래'라면 이와 동일한 대답을 들을 수 있어야 하는 것이다.

'박나래 알아?'라고 질문했을 때, '응 알아! 그 축구선수 박나래?' 혹은 '아~ 그 웹툰작가 박나래?'라고 독자들이 인식하면 우리가 추구하는 콘셉트와 전혀 다른 대답이기 때문에 좋은 브랜딩의 사례라고 할 수 없다. '박나래 알아?' 라고 질문했을 때, '응! 그 술 좋아하는 개그우먼?'이라는 반응이 나와야 브랜딩이 형성된 것이다. 그리고 그 콘셉트와 가치가 지속적으로 독자들에게 노출되면 나중에는 가장 높은 단계까지 올라가게 된다. 바로 Top of Mind가 형성되는 것이다.

이전에는 '박나래=술 좋아하는 개그우먼'이 형성되었지만, 반대로 '술 좋아하는 개그우먼=박나래'가 된다. 실제로 강연에서 '술 좋아하는 개그우먼하면 떠오르는 사람이 있나요?'라는 질문을 했을 때 대부분의 청중들이 고민하지 않고 박나래를 외쳤다. 이런 게 바로 브랜딩이다. 한 분야에서 Top이 될 수 있는 존재가 바로 브랜딩의 힘이다.

나는 개인적으로도 박나래를 좋아하고, 또 응원하고 있는 팬이기도 하지만 브랜딩을 연구하는 입장에서 봤을 때 개그우먼 박나래는 정말 똑똑하게 브랜딩을 구축한 연예인이라는 생각이 든다. 사례조사를 하면서 박나래를 분석한 적이 있는데 어떤 프로를 진행하든 '술'과 연관을 시킨다. '나 혼자 산다'라는 프로그램을 통해 '나래바'를 대중들에게 각인시켰다. 음식 솜씨 또한 일품인 것으로 알려진 박나래는 본인의 집에 초대한 지인들에게 술과 곁들일 음식을 개발하는데 안주 위주의 요리가 매우 수준급으로 알려져 있다. 최근에는 집을 소개해주는 '구해줘 홈즈'라는 프로그램에 나온 적이 있는데, 가벽이 있는

집을 보더니 옆에 있던 게스트에게 이렇게 말했다. "나도 집에 가벽이 있거든. 거기다 선반을 설치해서 간접조명을 매입으로 넣었어. 게다가 술병을 좌악~, 그 위에 매입등이 좌아악-, 술병에서 빛이 팍-, 조명이 따로 없어, 진짜." 그리고 그 모습을 본 게스트가 이렇게 말했다. "누나, 오늘 중에 제일 행복해 보여요." 어떤 주제, 어떤 프로그램에 출연해도 '술'과 연관시킬 수 있는 예능인은 박나래가 유일하지 않을까 생각한다.

브랜딩은 그냥 만들어지는 것이 아니다. 박나래 하면 생각나는 수많은 키워드들 중에서 '술'이 가장 먼저 떠오를 수 있도록 만드는 것, 거기서 더 나아가 '술'하면 가장 먼저 떠오르는 사람이 '박나래'가 되도록 지속적으로 사람들에게 본인의 콘셉트를 인식시키는 것이 중요하다. 이렇게 했을 때 Top of Mind, 브랜딩이 형성되는 것이다.

퍼스널 브랜딩을 만드는 3가지 요소

1. 정체성

퍼스널 브랜딩을 구축하고 싶다면 가장 먼저 해야 하는 일이 바로 정체성을 파악하는 것이다. 나는 누구인가, 나는 어떤 사람이가를 정하는 게 가장 먼저 해야 할 일이다. 그래야 내가 어떻게 인식되고 싶은지를 정할 수 있기 때문이다. 내가 무엇을 좋아하는 사람인지, 독자들에게 어떻게 인식되고 싶은지 정체성을 확립하고, 그에 맞는 콘셉트를 정하는 것이 먼저이다.

'나는 누구인가'를 다시 말하면 '나다운 게 무엇인가'를 고민하는 것과 같은 맥락이다. 그런데 왜 나다움을 고민해야 할까?

과거에는 '나음의 시대'였다. 이미 정해진 기준 안에서 A보다 B가 낫다며 A와 B를 비교해서 우위를 만드는 시대였다. 그리고 시간이 지나면서 '다름의 시대'가 왔다. 나음의 기준 안에서도 우위를 정할 수 없을 때는 무언가 특별한 점이 있는 사람을 선택한다. 그리고 그것을 차별화라고 불렀다.

오디션 프로그램에서도 예선에서는 노래를 잘하는 사람들이 뽑힌다. 그러나 본선에 가면 남들과 다른, 차별화된 재능을 갖고 있는 사람이 선택된다. 그리고 마지막 관문인 TOP 10에 선정되는 사람들은 본인만의 스타일을 갖고 있는 사람들이 최종적으로 선택된다. 바로 '나다움'을 어필할 수 있는 사람들이다. 'A보다 B가 낫네,' '저 친구와 비교했을 때 이 친구는 뭔가 다르네'라고 할 때 여기에 내포된 공통된 특징은 바로 비교대상이 있다는 것이다. 그러나 마지막 관문인 '나다움'의 경지에 오른 사람들은 비교대상 자체가 없다. 비교를 할 수가 없기 때문이다. 우리가 애플을 말할 때, '삼성하고 비교했을 때 애플답다'라고 말하지 않고, 구글을 말할 때, '네이버와 비교했을 때 구글답다'라고 말하지 않는 것과 같다. 애플은 애플이고, 구글은 구글이다. 새로 출시된 휴대폰 디자인만 보고서도 '와 애플답다(진짜 깔끔하다)'라고 말하기도 하고, 심지어 구글은 '구글링'(구글로 정보를 검색한다는 의미)이라는 단어가 등록될 정도이다.

남들과 비교할 수 없는 독보적인 경쟁력은 나다움으로부터 시작한다. 따라서 나만의 정체성을 만드는 단계에 있다면, 어떻게 하면 남들보다 나을 수 있을까 혹은 저 콘텐츠와 다르게 하려면 어떻게 해야 할까보다 중요한 질문인 '나다움은 무엇일까'에 대해 깊게 고민해야 한다.

나다움, 정체성, 자기탐색, 자기정의는 사실 1인 기업가에게 있어서 가장 기본적인 질문이다. 앞서 2장(나만의 "업" 만들기)에서도 자기탐색은 1인 기업가에게 중요한 과정이었지만, 브랜딩을 만드는 과정에서 역시 중요한 파트이다. 자기탐색은 이렇게 각 파트에서 반복해서 연구를 해야 할 정도로 중요한 부분이며, 가장 기본이 되는 부분이기 때문에 시간이 걸리더라도 나에 대한 탐색과 분석을 확실히 하는 것이 좋다. 이 부분에 대해 명확한 답이 도출되었다면, 나만의 업과 콘텐츠를 만드는 과정뿐만 아니라, 퍼스널 브랜딩을 구축하는 과정도 훨씬 수월하게 진행할 수 있을 것이다.

2. 진정성

퍼스널 브랜딩을 만드는 두 번째 요소는 바로 진정성이다. 진정성을 바탕으로 콘셉트를 설정해야 브랜딩이 강력해진다. 여기서 진정성이라는 것은 참된 마음을 가지고 일을 하는 것을 의미한다. 콘셉트를 정한다고 해서 거짓된 것, 가식적인 이미지를 구축하는 게 아니라, 진심으로 본인의 마음에서 우러나오는 마음을 바탕으로 만들어야 한다는 것이다.

박나래가 강력하게 퍼스널 브랜딩을 구축한 이유를 생각해보면 바로 이해가 될 것이다. 술 좋아하는 콘셉트가 과연 소속사에서 시켜서 하는 것일까? 어쩔 수 없이 캐릭터를 만들기 위해서 '술'이라는 키워드를 잡고, 술을 잘 마시지도 못하고 좋아하시도 않는데 억지로 좋아하는 척을 하는 것일까? 단언컨대 절대 그렇지 않을 것이다. 행동은 속일 수 있을지 몰라도 그 사람의 눈빛은 절대 속일 수 없다.

진정성, 내가 진심을 다해 좋아하는 마음을 가지는 것이다. 같은 일을 해도 그 일을 좋아하는 사람의 마음과 그렇지 않은 사람의 마음은 다를 수밖에 없고, 그 마음은 결국 겉으로 표출될 수밖에 없다. 좋아하는 마음을 숨길 수 없듯이, 싫어하는 일을 억지로 하는 것 또한 숨길 수 없다. 그러니 참된 마음, 진심을 다해 할 수 있는 일을 찾아보자. 본인이 진짜 진심으로 좋아하는 일을 발견했다면 에너지 레벨이 높을 수밖에 없고, 높은 에너지 레벨은 자연스레 좋은 성과로 이어질 것이다.

3. 지속성

퍼스널 브랜딩을 구축하는 세 번째 방법은 지속성이다. 브랜딩은 하루아침에 만들어지는 것이 아니다. 계속 다듬고, 보완하면서 만들어나가는 "과정"이기 때문에 지속성이 중요하다. 그리고 이 지속성을 유지하기 위해 정체성과 진정성이 바탕이 되어야 한다. 단기간 눈속

임으로 사람들을 속일 수 있을지는 몰라도, 브랜딩은 절대로 단기간에 만들 수 있는 가치가 아니기에, 나답지 않은 일, 그리고 내가 진심으로 좋아하지 않는 일이라면 당연히 지속할 수 없다. 그렇기 때문에 이 세 가지 요소는 서로 맞물려 있는 관계이며, 항상 성장하는 가치이다.

정체성, 진정성, 지속성 이 세 가지를 바탕으로 브랜딩을 구축하면 브랜딩은 시간이 흐를수록 가치가 더해진다. 축적이 되기 때문이다. 한 기업의 브랜드를 모방할 수 없는 이유가 바로 여기에 있다. 브랜드의 철학이나 내용, 핵심가치를 모방할 수 있을지는 몰라도 브랜드를 구축한 세월을 가져갈 수는 없다. 그래서 더 의미가 있고 가치가 있는 것이다.

내 몸값이 오르지 않는 이유가 브랜딩 때문이라고?

1인 기업가와 프리랜서를 같은 직업의 범주라고 생각하는 분들이 많은데, 과연 이 둘은 같은 직업군일까? 차이가 있다면 어떤 차이점이 있을까? 출퇴근 시간이 자유롭고, 직장인에 비해 보다 자유로운 장소에서 일을 할 수 있다는 부분은 이 둘의 공통점이 될 수 있지만 가장 큰 차이는 역시나 일을 통제하는 능력이라고 할 수 있다.

우리가 흔히 말하는 프리랜서는 대부분 외주(의뢰받은 일)에 의지하며 일을 한다. 프리랜서 강사라면 소속 협회나 강의를 매칭해주는 컨설팅 회사를 통해 강의를 의뢰받는다. 하지만 같은 강의를 할지라도 1인 기업가 형태로 일을 하는 사람은 다른 사람의 의뢰보다도 본인이 직접 강의를 개설해서 창조하는 형태로 일을 진행한다.

이 차이가 1인 기업가와 프리랜서의 가장 큰 차이점이다. 누군가에 의해 통제를 받는 입장인가, 아니면 내가 모든 상황을 스스로 통제할 수 있는가의 차이에 따라 프리랜서와 1인 기업가의 삶으로 나뉘게 된다. 일에 대한 주도권이 나에게 있다면 1인 기업가의 형태로 일을 하고 있는 것이고, 그게 아니라 외부로부터 많은 영향을 받고 있다면 프리랜서의 형태로 일을 하고 있는 것이다.

1인 기업가는 강의를 개설할 때, 내가 원하는 일정과 시간, 장소에 따라 강의를 만들 수 있다. 참여 대상 그룹 또한 내가 직접 범주를 선택할 수 있고, 수익과 직결되는 강연료 역시 스스로 책정할 수 있다. 즉, 내 가치를 본인 스스로 설정할 수 있으며 몸값 또한 내가 올릴 수 있다.

물론 1인 기업가라고 해서 외부출강을 하지 않는다는 것은 아니다. 나 역시 외부출강을 나가기도 한다. 그러나 그 외부출강 역시 최종 결정권이 나에게 있다. 의뢰가 온 기관에서 기본적인 예산, 일정, 장소 등은 확정되어도 최종 결정권이 나에게 있는 것이다. 나는 모든 항목들을 체크한 뒤 내가 세운 가치와 기준에 적합한 외부강의만 출강한다. 그렇게 외부출강 일정을 조율함으로서 무분별한 에너지 소모를 막고 있다. 만약 내가 프리랜서 강사라면 대부분의 강의를 외주에 의지할 수밖에 없기 때문에 모든 칼자루는 외부 기관에 있을 것이다. 일정도, 강연료도, 장소도, 그 모든 것의 통제력이 외부에 있게 된다. 그러나 나는 자체 개설강좌를 매달 진행하기 때문에 일부러 외부

출강을 찾아다니지 않아도 수입 면에서 크게 지장이 없다. 단지 돈 때문에 내 가치를 모르는 사람에게까지 강의를 할 필요는 없다는 뜻이다.

외부조건에 끌려 다니지 않아도 되기 때문에 무분별한 에너지(정신적, 시간적, 물리적, 체력적) 소모를 막을 수 있고 동시에 그 에너지는 더 나은 콘텐츠를 만드는 것에 투입된다. 결국 강의의 질은 높아지고 콘텐츠는 지속적으로 업그레이드가 된다. 당연히 몸값은 높아지게 된다. 결과적으로 모든 자원은 선순환이 되는 것이다. 우리의 시간은 유한하며 체력 또한 한계가 있기 때문에 우리에게 주어진 에너지 자원을 어디에, 어떻게 배분하며 쓸 것인가에 대한 고민은 1인 기업가에게 있어서 정말 중요한 사안이 된다. 그래서 나는 선택과 집중을 해야 하며, 선택과 집중을 하는데 있어서 돈 때문에 통제권을 잃어버리는 일 없이 자유롭게 일을 할 수 있는 환경인 1인 기업가의 삶을 선택한 것이다.

예전에 강사모임에서 들은 이야기가 있다. 본인이 소속되어 있는 기관에서 가끔씩 강의를 배정받을 때가 있는데 본인 말고도 기관에 소속된 강사들이 많기 때문에 본인 차례까지 돌아오지 않는 경우도 많을뿐더러, 강의를 해도 강연료를 100% 본인이 가져가는 게 아니라 기관과 수익을 배분해야 하기 때문에 강의를 아무리 많이 뛰어도 실제로 손에 쥐는 돈은 매우 적다는 이야기를 들었다. 보통 소속기관과 강사의 수익 배분이 5:5 정도인 경우가 많지만, 6:4나 7:3도 생각보다 많았다. 100만 원의 강연료를 받아도 실제로 손에 쥐는 것은 30만

원뿐이라는 이야기다. 강의를 업으로 하는 분들은 사실 이 강연료가 생계에 직접적인 영향을 미치게 되는데, 시간은 시간대로 쓰고, 에너지는 에너지대로 쓰면서 손에 쥐어지는 강연료는 그에 상응하지 못할 때가 훨씬 더 많기 때문에 일을 하면서도 회의감을 느낄 때가 많다는 것이다. 초기에는 넘치는 열정이 있기 때문에 괜찮았는데, 그게 1년이고 2년이고 할 것 없이 지속되고, 심지어 이 분야에서 일한지 꽤 오래됐음에도 불구하고 나아지지 않는 사정에 이제는 이 일을 지속해야 할지 말아야 할지 고민이라는 소리도 들려왔다. 연차가 쌓이면 강연 실력은 올라가지만 그렇다고 직장인처럼 내 몸값(연봉)이 올라가는 것은 아니다. 우리가 있는 곳은 조직이 아니기 때문이다. 중요한 것은 연차를 쌓는 게 아니라 시장에서의 내 가치를 올리는 것이다. 그래서 브랜딩을 구축해야 한다. 브랜딩은 시장에서의 내 몸값을 올리고 내 가치를 올리는 가장 빠른 방법이기 때문이다.

물론 돈이 전부는 아니다. 하지만 최소한의 수익이 보장되지 않으면, 강사가 지속적으로 좋은 콘텐츠를 만드는 데에는 한계가 있다. 지식을 전달하고, 정보를 가르치는 분야에 계신 분들은 배움을 게을리 하지 않아야 한다. 그래야만 빠른 속도로 변하는 시대 속에서 생존할 수 있다. 이렇게 1인 기업가의 생존에 직결될 정도로 중요한 영역이 배움인데 배움은 투자가 있을 때만 가능한 일이다. 지속적으로 자기계발을 하려면 수익의 일부를 재투자해서 지속적으로 배우고 연구하는 시간을 가져야 하는데 그럴만한 연구개발비가 없기 때문에 콘텐츠를 업그레이드 하는 일도 힘들어지게 된다. 이렇게 업의 핵심인 콘텐츠가 개발되지 않으면 몸값이 낮아지는 것은 시간문제다. 이렇게 악순환이 반복된다.

결과적으로 이러한 악순환이 아니라 선순환으로 연결되는 시스템을 만들기 위해서라도 브랜딩은 1인 기업가에게 있어 필수 요소가 된다.

고객이 아니라 팬층의 시대

우리 연구소에서 진행되는 강좌에는 현직 강사들, 작가들, 프리랜서로 일하는 분들이 많다. 그리고 그분들께 종종 이런 이야기를 듣게 된다. '서지은 소장님은 이렇게 개인 수업을 개설할 수 있는 능력이 있으셔서 참 좋으시겠어요~ 부러워요. 저도 이렇게 자유롭게 수업을 개설하고 싶은데 모객이 쉽지 않네요.'

나에게는 팬들이 많다. 강의 이후에 싸인을 받으시는 분도 계시고, '블로그에서만 뵙다가 실제로 뵈니 성덕(성공한 덕후)이 된 기분이에요!'라고 말씀해주시는 분들도 계신다. 그분들은 나에게 비타민과도 같은 존재이다. 내가 계속해서 이 일을 할 수 있도록 좋은 에너지를 전달해주시는 분들이다. 그리고 이와 같은 분들이 많아질수록 나는 더욱더 힘을 내어 좋은 콘텐츠를 만들어 보답해야겠다는 마음이 커진다. 결국 이 과정마저도 선순환의 시스템이 되었다. 내가 걸어온 길, 앞으로 걸어갈 길을 응원해주시고, 좋아해주시고, 함께 성장하고 싶어 하는 분들께 더 좋은 것으로 보답하고 싶은 마음을 가득 담아 강의를 하게 된다. 당연히 의지가 넘칠 수밖에 없고, 열정 가득한 시간이 될 수밖에 없다.

평범한 주부인 내가 이렇게 단단한 팬층을 가질 수 있던 이유는 다름 아닌, 내가 먼저 그들의 팬이 되었기 때문이다. 우리 연구소의 프로그램에 참여하시는 분들은 삶의 가치를 높이기 위해 무던히 노력하는 분들이다. 현실에 안주하지 않고 보다 나은 내가 되기 위해, 나 자신과의 약속을 지키기 위해, 온전히 나 자신이 내 삶의 주인이 될 수 있도록 변화하기 위해 노력하는 분들이다. 그리고 나는 그 노력을 가치 있게 여긴다. 얼마나 멋지고 존경스러운지 모른다.

고객은 한 번의 거래로 관계가 끝날 가능성이 크다. 내가 원하는 바를 이루면 거래는 끝난다. 그러나 고객이 아니라 멤버가 되면 관계는 지속된다. 일회성으로 끝나는 것이 아니라 지속적으로 선한 영향력을 주고받고, 서로에게 좋은 에너지가 되는 것이다.

한두 번은 누구나 강의를 개설할 수 있다. 그러나 1인 기업가에게 있어 중요한 것은 시작하는 것이 아니라 지속하는 것이다. 혼자 일하는 1인 기업가는 번아웃이 심하다. 좋은 콘텐츠를 만들어서 이 프로그램이 필요한 이들에게 전달하는 것도 중요하지만, 그와 별개로 1인 기업을 지속하는 것 또한 매우 중요하다. 아무리 좋은 강의를 하는 사람이라도 슬럼프가 오거나 번아웃이 심하게 와서 일어날 힘이 없다면 다시는 그분의 강의를 들을 수 없다. 계속 나누기만 하다 보면 그 끝은 번아웃이다. 그러나 프로그램에 함께 참여하면서 나 또한 함께 배운다면 고갈이 아니라 채움이고 끝이 아니라 또 다른 시작이 된다. 뜨거운 눈빛을 가지고 하나라도 더 배워가려고 그 순간에 최선을 다하는 그 자세만으로도 나는 동기부여를 받는다. 이렇게 서로 좋은 에너지를 주고받는 관계가 형성되면서 나는 이 일을 지속할 수 있는 또 다른 원동력이 생겼다. 그렇게 매 수업마다 나는 앞에 계신 분들의 자세와 열정을 배우며 에너지를 채운다.

앞서 언급했듯이, 한 분이 신청했을 때에도 폐강하지 않고 강의를 진행했다. 수익적인 면에서만 본다면 당연히 적자가 나는 상황이었지만 우리 연구소의 철학이 이미 정해져 있었기에 오히려 한 분 오셨을 때 더 힘을 내서 강의를 진행했다. 그리고 그런 내 모습과 열정에 감동을 받은 분께서 지인 분들께 좋은 강의가 있다고 소문을 내주셨고, 이후 그분께 소개받은 분들이 강의에 참석하는 일들이 있었다. 그리고 이런 사례는 한 번에 끝나지 않았다. “그 강사는 돈만 보고 하는 게 아닌가봐”, “또 강의 언제 있어?”, “궁금하다! 나도 들어 볼래.” 이런 대화를 나눴다는 멤버분의 이야기를 전해 듣기도 했다.

물론 열정 하나만으로 이 일을 지속할 수 없다. 그러나 스스로가 세운 가치관과 기준, 일의 철학은 변함이 없어야 한다. 이렇게 업의 철학을 지키려고 노력하는 모습을 보고 더 많은 분들이 응원을 해주셨고, 그렇게 가치성장연구소는 점점 성장하게 되었다.

강의와 프로젝트를 통해 만났지만, 강사와 참여자의 관계로 끝나는 경우는 거의 없다. 아마 정말 드문 사례가 아닐까 생각한다. 한때는 혼자라고 생각을 했다. 1인 기업이니까 모든 것을 혼자 해야 한다고 생각한 적이 있었다. 그러나 나에게는 수백 명의 식구들이 곁에 있었다. 단순히 고객의 관계로만 바라봤다면 존재하지 않았을 관계이다. 1인 기업가로 활동하지만 외롭지 않은 이유가 바로 여기에 있다. 우리 연구소를 응원해주고, 묵묵히 지지해주고, 잘되기를 바라고, 기도로 힘을 보태는 분들이 전국에, 아니 일본, 캐나다, 중국, 싱가포르 할 것 없이 해외에도 계신다는 걸 아니까 외롭지 않았던 것이다.

나는 이 모든 과정을 다 공유했다. 순간순간 어떤 고민을 하고 있는지, 그리고 그러한 고민을 통해 어떤 결정을 내리게 되었는지, 어떤 결과물이 나오게 되었는지 블로그를 통해 과정을 공유했고, 자신과의 도전을 할 때에도 모든 과정을 전부 블로그에 공개했다. 나는 그렇게 점점 성장해갔다. 당시 나에겐 다른 기업이나 다른 강사 분들이 경쟁상대가 아니었다. 사실 지금도 그렇고, 다른 사람 신경쓸 여력이 없다. 매일매일 나와의 약속을 지키기 위해 하루하루 최선을 다했고, 그 모습을 본 분들이 내 삶을 응원해주기 시작했다. 그리고 그 흐름은 내 삶에서 "업"으로 연결되었다.

연구소 이름을 처음 공개했을 때에도, 로고를 만들어서 블로그에 올렸을 때에도, 생애 첫 개인 사무실을 계약했을 때에도, 블로그에 많은 축하 댓글이 달렸다. 타 지역 강의를 준비하면서 장소 섭외가 쉽지 않아 힘들었을 때에도 함께 장소 섭외를 위해 도움을 주시고, 함께 고민해주신 분들이 많았다. '나'만의 일이 아니라 '우리'의 일이었다. 나의 성장을 바라고 우리 가족의 행복을 바라고, 잘 되기를 바라고, 내 건강과 컨디션을 위해 응원하고 기도해주시는 분들이 점점 더 많이 생겨났다. 그리고 그분들은 그 마음을 팬심이라 하셨다.

팔지 말고 과정을 공유하라

나는 내 콘텐츠와 강의를 팔려고 하지 않았다. 계속해서 본질에 집중했고, 그 가치를 아는 분들께 집중했다. 그리고 그 과정을 공유했다. 그것이 내가 생각한 가치성장연구소의 방향이었다. 본질에 집중하고, 삶의 가치를 높이고자 하는 사람들과 함께 하는 것, 그리고 그 과정을 공유하는 것이 우리 연구소가 나아가는 방향이었다.

브랜딩도 결국엔 본질에 집중하는 것이다. 고객의 관점에서 다시 생각해보고, WHY에 대해 다시 고민해보는 것이다. 무조건 많이 파는 것이 답이 아니라, 고객의 입장에서 이 제품을 왜 사야하는지, 이 강의를 왜 들어야하는지 본질적인 관점에서 다시 생각해보고, 가치를 켜켜이 쌓을 때 브랜딩이 완성된다.

우리는 단순히 물건을 파는 사람이 아니라, 고객의 선택을 도와주는 사람들이다. 본질을 안다면, 한 번의 거래보다 관계를 중요시하게 된다. 그리고 그 관계가 지속되면 신뢰를 형성하게 된다. 이것이 강의를 하는 사람에겐 중요한 자산이 된다. 눈에 보이는 순간의 이익보다 장기적인 관점에서 봤을 때 중요한 것을 아는 안목을 지닌 사람들은 1인 기업가로서 성장하게 된다. 나 또한 이 가치관을 지키려고 늘 노력한다.

내가 개설하는 수업이나 프로젝트를 신청하기 전에 상담을 요청하는 분들이 종종 계신데, 그럴 때마다 신청하시는 분의 상황을 구체적으로 여쭤보고 솔직하게 말씀드린다. 무조건 신청을 받는 것이 아니라, 프로그램의 목적에 맞지 않는다면 다른 모임이나 강좌를 추천해드리기도 한다. 신청자가 원하는 모임이 아닌데, 잘못 알고 등록을 한다면 신청자의 목적에 맞지 않기 때문에 당연히 만족도가 낮아질 수밖에 없다. 그리고 팀을 이끄는 리더 입장에서도 힘든 상황이 된다.

예전에 질문독서 프로젝트 '내면의 정원 가꾸기'의 경우에도 독서토론을 원하는 어떤 분이 상담을 요청해왔다. 지방에 사는 분이셨는데, 그 지역엔 도서모임이 없어, 책을 읽고 책에 대한 내용을 나누고 싶어서 검색을 하다가 이 프로젝트를 알게 되었다는 말을 하셨다. 계속 대화를 주고받으며 우리 프로젝트의 목적과 자세한 취지를 말씀드렸다. "우리 질문독서 프로젝트는 온라인에서 진행되는 생각 근육의 힘을 키우는 프로젝트입니다. 책을 읽고 작가의 관점에서 그치는 것이 아니라, 나의 관점을 만들기 위해, 그리고 내 생각의 깊이를 만들고, 삶의 시선을 높이기 위해 읽고 질문하며 쓰는, 생각정리 프로젝트입니다."라고 말씀을 드렸다. 그리고 온라인에서 진행되는 독서토론 형식으로 진행되는 타 교육기관의 온라인 독서토론모임을 몇 군데 추천해드린 적이 있었다.

무조건 '내가 만드는 제품이 다 옳다', '내가 하는 프로그램과 강의만이 최선이다'라는 생각은 하지 않는다. 모두가 다 나의 스타일과 일치할 수는 없다. 그러나 나는 이 메시지를 '필요로 하는 분들에게' '가장 최고의 것을 드리자'라는 마음을 가지고 일한다. 세상의 모든 사람들이 다 내 독자가 될 수는 없다. 사는 방식, 삶의 가치, 삶의 방향, 삶의 결이 모두 다르기 때문에 이것만이 정답이라고 외치는 것은 오히려 위험한 일이다. 대신에 가치성장연구소를 선택하신 분들께 후회 없는 경험과 통찰력을 제공해드리려고 매일 매순간 노력하고 있다.

이 영역에서도 한정된 에너지는 선택과 집중을 해야 한다. 물질과 시간과 인력이 충분하다면 세상의 모든 사람들에게 가치성장연구소를 알리고, 홍보를 해서 모르는 분들께 좋은 콘텐츠를 전달할 수 있겠지만, 1인 기업가는 그것이 불가능하다. 그리고 애초에 나는 소그룹 형태로 강의를 시작했다. 더 많은 사람들에게 강의를 전달하는 것보다, 소규모의 사람들에게 메시지를 전달하되, 그분들께 집중할 수 있는 환경을 내가 세팅한 것이다. 강연의 규모나 참여인원의 형태에서도 선택과 집중할 수 있다.

나는 보통 한 강좌에 8명 정도의 소그룹으로 수업을 진행하며 한

분 한 분께 집중하는 방식을 취하고 있다. 관심 없는 사람 1000명보다 이 프로그램을 간절히 원하는 10명의 참여자에게 강렬한 동기부여와 만족감을 주는 것, 이것이야말로 내가 혼자 발로 뛰면서 연구소를 홍보하는 것보다 더욱 강력한 홍보 매체가 된다. 가장 훌륭한 홍보 수단은 다름 아닌, 참여자의 입소문이다. 특히 여기서도 블로그는 효자노릇을 톡톡히 한다. 가치성장연구소 프로그램에 참여한 멤버들은 감사하게도 본인의 블로그에 프로그램 참여후기를 작성하고, 내가 알지 못하는 그분의 지인들에게 나를 알린다. 이렇게 온라인 입소문을 통해 가치성장연구소의 강좌에 참여하신 분들도 많다.

내가 좋아하는 멤버 문토끼님(닉네임)은 가치성장연구소에서 진행되는 모든 과정을 다 이수하신 분이다. 그리고 친구들에게 이러한 프로그램이 있다고 스스로 알리고, 들어보라고 권했다. 서울에선 보통 8명 정도로 인원을 제한해서 수업 신청을 받고 있는데, 어느 날 문토끼님의 고등학교 친구 세 분이 같은 수업에 들어왔던 적이 있었다. 나는 그 전까진 세 분을 개인적으로 알지 못했다. 내 연결고리가 거기까지 닿지 않았지만 중간에 문토끼님이라는 연결고리가 생기면서 더 많은 분들에게 좋은 메시지를 전달할 수 있는 기회가 생긴 것이다. 관계의 영역이 넓어진 것이다.

또 다른 예로, 내가 좋아하는 여름열매님(닉네임)은 서울에 와서 강의를 듣고, 본인이 거주하는 대구에서 지인들과 함께 듣고 싶어 참여자를 직접 모아주셨던 분이기도 하다. 본인의 블로그에 대구에서 강의가 개설됨을 알리고, 지인들에게 전달하며 강의가 개설될 수 있도록 환경을 만들어주셨고, 강연 장소 및 전반적인 모든 세팅을 하며, 직접 발로 뛰며 개최해주신 분이다. 그날 강의는 대부분 여름열매님의 지인들로 구성되었고, 그 강의가 성공적으로 진행되자 앵콜 강의가 요청되어 한 번 더 대구에서 강의를 진행했었다.

내가 대형 강의 혹은 기업 강의만 하겠다고 마음먹었다면 이런 감사한 일들을 평생 느끼지 못했을 것이다. 강의를 개설해도 사실 얼마나 신청할지, 성공적으로 마감이 될지, 최소인원은 확보할 수 있을지는 아무도 모르는 것이다(미리 수요조사를 한다고 해도, 수요조사와 강연 당일에 실제 참여인원은 많이 달라진다.) 그럼에도 불구하고 여름열매님 한 분을 보고 강의를 개설했고, 그 이후 대구팀에서 좋은 분들을 많이 알게 되어, 지금까지도 많은 응원과 사랑을 받고 있다.

1인 기업가는 모든 것이 불확실하다. 대구팀 수업의 경우도 가야겠다고 마음먹었을 당시, 참여인원뿐만 아니라 강연 장소, 강연료, 강연 일정 그 모든 게 불확실했었다. 그러나 불확실하다고 평생 주저한다면 그 길은 영원히 알 수 없다. 그 길에 이렇게 가치 있는 분들, 내 평생에 함께 갈 분들을 만날 수 있을 거라고 상상도 못했다. 이 모든 일들은 그 불확실함을 껴안았기에 가능한 것이었다.

유능한 홍보실장인 블로그로 브랜딩하자

나는 1인 기업가이지만 내게는 유능한 홍보실장이 곁에 있다. 우리 연구소의 홍보실은 다름 아닌, 블로그이다. 블로그는 내가 강의를 하는 동안에도, 자는 동안에도, 밥을 먹는 동안에도 본연의 일에 충실히 임한다. 내가 다른 일을 하고 있어도, 누군가가 "가치성장연구소 서지은"을 검색하면 내 블로그는 다양한 글들을 그들에게 제공한다. 내가 직접적으로 정보를 전달하는 것이 아니라, 블로그에 올려놓은 다양한 글들이 하루 24시간, 1년 365일 내내 전 세계 각지에서 나를 검색하는 사람들에게 정보를 제공해준다. 이렇게 잘 키운 블로그 하나가 나를 세상에 알리는 든든한 홍보실장이 되어 곁에 있게 되었다.

똑똑한 플랫폼 하나를 잘 키워놨더니 이렇게 효자노릇을 톡톡히 하고 있다. 덕분에 나는 수월하게 브랜딩이 되었고, 내가 일일이 사람들을 찾아다니며 나의 존재를 알리지 않아도 사람들이 나를 찾아올 수 있는 유입 루트를 확보하게 되었다.

지금은 1인 미디어 시대이다. 우리는 다양한 소셜미디어와 포털미디어들이 활발하게 존재하는 시대에 살아가고 있다. 불과 10년 전만 해도 미디어는 권력의 중심에 있었고, 일반인들이 소유할 수 없는 영역이었다. 정보의 생산자층과 소비자층이 뚜렷하게 구별되어 있었고, 그 경계가 명확했다. 하지만 지금은 시대가 변했다. 누구나 정보의 생산자가 될 수 있으며, 내가 권력과 부를 소유하고 있지 않아도 누구나 미디어를 활용해서 나 자신을 브랜딩할 수 있는 그런 시대에 우리는 살고 있다. 나는 이것을 시대가 주는 혜택이라고 생각한다.

신문의 지면광고나, TV광고 혹은 다른 매체들을 통해 나를 드러내지 않아도 오히려 지금 시대는 기존의 매체보다 더 강력한 소셜미디어와 포털미디어를 활용할 수 있는 시대이다. 그리고 심지어 '무료로!' 이용할 수 있다.

나는 자체 개설 강좌도 개설해서 수업을 진행하지만, 종종 외부출강을 나가기도 한다. 그리고 지금까지 내가 진행한 외부 특강은 100% 블로그를 통해 의뢰가 들어온 케이스이다. 나는 지금까지 단 한 번도 강의계획서나 강의의뢰서를 먼저 제출한 적이 없다. 대부분 메일을 통해 강연 의뢰를 문의해 주시는데, 앞부분의 메일 내용은 거의 동일하다.

안녕하세요. 서지은 소장님. 저는 ○○기관○○팀 ○○○입니다. 블로그를 보고 (시간관리)강연 의뢰를 드립니다. 아래의 일정에 강연이 가능하신지 여쭙고자 메일 보내드리오니 확인 후 회신 부탁드립니다.

블로그는 나를 세상에 알리는 든든한 홍보실장이다. '나'라는 브랜딩을 잘 구축해놓으면 사람들은 알아서 나를 찾아온다. 나를 수면 위로 떠오르게 만드는 가장 좋은 협력부서장인 블로그를 활용해 나의 가치를 차곡차곡 쌓아보자. 어느 순간, 한 분야에 내 이름이 자주 언급되고, 나를 아는 사람들이 많아지며, 나를 통해 이 분야에서 영향을 받는 사람들이 많아지게 될 것이다. 그렇게 퍼스널 브랜딩이 구축될 것이다.

나에게 맞는 플랫폼을 찾는 것이 먼저!

넘치는 미디어의 시대 속에 살고 있지만 잘만 활용하면 나를 세상에 알리는 유용한 도구가 되는 플랫폼들이 참 많다. 우리 일상에서 흔히 접할 수 있는 블로그, 인스타그램, 페이스북, 트위터, 카카오스토리, 브런치, 유튜브 등 다양한 종류의 플랫폼들이 있는데, 이 중에서 무엇을 선택하고 집중할 것인지가 1인 기업가로 성공하는 데 중요한 발판이 된다. '무조건 블로그를 해라', '무조건 유튜브를 하는 게 좋다'가 아니라, 내가 몸담고 있는 이 분야가 어떤 분야인지 분석하고, 나를 원하는 사람이 누구인지 독자층(고객)을 명확히 하면 어떤 플랫폼을 활용해야 할지 스스로 알 수 있다.

내가 하고 있는 일들은 시간관리, 글쓰기, 독서, 브랜딩 등 자기계발 영역으로 텍스트가 기본인 콘텐츠이다. 자기계발 분야는 보통 많은 분들이 네이버 블로그와 인스타에서 활동하는 분들이 많은 분야이다. 나 역시 블로그로 시작을 했고, 지금은 인스타와 유튜브를 활용해 브랜딩 활동을 하고 있다. 그러나 나의 베이스캠프는 역시나 블로그이다. 나를 알게 된 분들의 90% 이상은 블로그에서 검색하다가 나를 알게 되었다고 말씀하신다. 이것이 바로 내가 블로그를 베이스캠프로 삼는 지표이다.

그러나 무조건 블로그만이 답이라는 생각은 버려야 한다. 본인의 콘텐츠 분야에 따라 고객층이 이용하는 미디어가 다르기 때문에 독자를 분석하고, 나를 분석해서 그 공통분모를 파악해보는 것이 중요하다. 나는 글을 쓰는 사람이기에 글과 본문이 검색될 수 있는 가장 유용한 텍스트 플랫폼인 블로그를 활용하고 있는 것이고, 블로그의 단점 또한 있기 때문에 보완하는 목적으로 인스타와 기타 채널을 운영하고 있는 것이다.

나는 네이버 블로그를 베이스캠프로 삼아 차곡차곡 나의 콘텐츠를 쌓고 있다. 블로그는 다른 소셜미디어와는 달리 검색을 해야만 글을 볼 확률이 높기 때문에 소셜미디어에 비해 파급력은 약하다. 그래서 다른 SNS를 함께 활용하고 있는 것이다.

반면에 소셜미디어는 블로그에 비해 파급력이 굉장히 강한 플랫폼이다. 내가 쓴 글이 수월하게 타인에게 보여지며, 손쉽게 공유될 수 있다. 어떤 글은 순식간에 공유되기도 하고, 다양한 사람들과 연결 매개가 되는 수단이기도 하다. 그러나 그만큼 순식간에 사라지기도 한다. 1초에도 수백만 건의 피드가 올라온다는 것은 그만큼 쉽게 내 글이 수면 아래로 가라앉는다는 것을 뜻한다. 그만큼 휘발성이 강하다는 뜻이다.

반면에 블로그는 소셜미디어에 비해 강력한 축적성을 지니고 있는 플랫폼이다. 다양한 도구들(사진, 영상, 지도, 책 정보, 영화정보, 도표, 일정, 링크, 소스)을 활용하여 보다 자세하게 글을 쓸 수 있고, 차곡차곡 게시글이 쌓이게 된다. 하나의 블로그 안에서도 검색이 자유롭게 이뤄지며(해시태그가 아닌, 본문에 작성한 내용도 검색이 가능하다) 카테고리에 따라 내용을 분류할 수 있기 때문에 다양한 분야의 글을 작성하더라도 폴더만 나누면 되기에 깔끔하고 일관성 있는 콘셉트를 유지할 수 있다. 이처럼 다양하게 활용할 수 있고, 다른 SNS와 비교했을 때에도 보다 깊이 있는 글을 작성할 수 있다는 인식이 있어서 홈페이지 대용이나 온라인 포트폴리오로도 많이 쓰인다.

이렇게만 봐도 각각의 플랫폼들은 저마다의 장점과 단점을 동시에 지니고 있는 것을 알 수 있다. 따라서 무조건 하나만 고집한다는 생각보다도, 내가 어떤 조합의 플랫폼을 운영해야 할 것인지 고민하고 운영을 하다 보면 하나만 활용했을 때보다 훨씬 더 큰 시너지를 얻을 수 있을 것이다.

나는 블로그에 글을 쓰고, 내가 쓴 글을 다양한 플랫폼을 이용하여 유통을 한다. 같은 주제의 글을 짧게 다듬어서 인스타에도 올리고, 영상으로도 만들어서 유튜브에 올리기도 한다. 온라인 채널을 이용할 때 또 하나 좋은 점이 바로 이것이다. 정보의 생산자도 내가 되고, 유통도 내가 할 수 있다는 것이다. 물건을 만들어서 물리적으로 다른 지역에 배송을 하는 형태가 아니다 보니, 생산도 내가 하고, 유통(온라인 플랫폼 활용)도 내가 할 수 있는 것이다.

그리고 또 다른 포인트는, 같은 콘텐츠(내용)라 할지라도 어떤 채널을 이용하느냐에 따라 깊이와 무게감을 다르게 설정해야 한다. 같은 주제로 글을 쓰더라도 인스타에는 사진(최대 10장)과 짧은 영상(1분 이내)을 이용해서 가벼운 느낌으로 글을 쓸 수 있다. 본문은 검색이 불가하며, 해시태그로만 검색이 가능하다. 블로그는 인스타보다 더 많은 사진과 영상을 게시할 수 있으며 링크까지 첨부가 가능하다. 인스타보다는 조금 더 깊이가 있는 정보성 글을 작성하는 것이 좋고 제목과 키워드, 본문의 일치성에 따라 검색될 수 있는 시스템이기에 이 점을 고려해서 작성하면 좋다. 따라서 한두 줄의 코멘트보다도 조금 깊이 있는 글로 완성시켜보는 것이 좋다. 마지막으로 책은 인스타나 블로그와는 차원이 다른 형태로 방대한 내용을 다루고 있는데, 다양한 이론과 연구결과와 참고문헌 등을 기반으로 한 깊이 있는 정보를 제공할 수 있다.

나는 지식 분야에서 일하기 때문에 텍스트를 기반으로 한 플랫폼인 블로그를 베이스캠프로 삼았지만, 이것은 각자의 분야에 따라 많이 다를 것이다. 내 콘텐츠가 헬스나 뷰티 분야라면 구구절절 100마디 글보다 1분짜리 짧은 영상이 훨씬 더 강력한 효과를 낼 수 있다. 그렇다면 인스타에 60초의 영상을 게시하고, 프로필 상단에 블로그

링크를 게시하여 좀 더 자세한 정보나 강의 문의를 원하는 분들께 구체적인 정보를 제공할 수 있도록 만드는 시스템이 효과적일 것이다.

1인 기업가로서의 블로그 운영 팁

1. 신뢰도와 타당도를 높여라

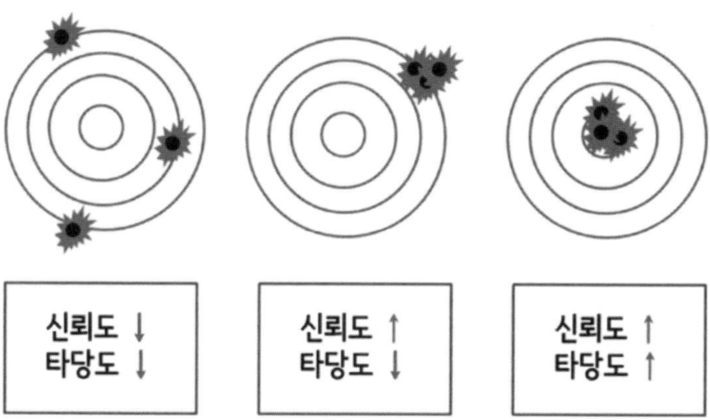

[그림 7] 1인 기업가의 블로그 운영방법

블로그로 브랜딩을 구축하고자 하는 분들이라면 이 부분을 주의해서 봐야 한다. 앞의 그림은 영점에 가까울수록 점수가 높은 과녁판을 블로그의 생태에 적용시킨 것이다.

첫 번째 그림은 신뢰도도 낮고 타당도도 낮은 유형이다. 즉, 본인의 글이 네이버 상단에 노출도 되지 않고, 블로그의 운영 방향이 비즈니스 콘셉트와 일치하지도 않는 경우이다.

두 번째 그림은 신뢰도는 높지만 타당도는 낮은 경우이다. 본인의 글이 네이버 상단에 노출도 되고, 투데이 수도 높지만 본인의 비즈니스 콘셉트와 일치하지 않는 경우를 말한다. 예를 들어 독서 강사인데 맛집으로 블로그가 유명한 경우가 두 번째 그림에 해당된다.

세 번째 그림은 신뢰도도 높고 타당도도 높은 경우이다. 본인의 글이 네이버 최상단에 노출되면서 그 키워드가 본인의 비즈니스 콘셉트와 일치하는 경우이다. 세 번째 그림이 가장 좋은 경우로, 블로그를 통해 브랜딩을 구축하고자 하는 분들은 세 번째 그림이 되도록 무던히 노력해야 한다.

수면 위로 떠오르게 하는 것도 중요하지만, 무엇을 떠오르게 할 것인가도 비즈니스에 매우 중요하다. 힘들게 수면 위로 올린 것들이 내 업의 방향과 전혀 다른 키워드라면 그 또한 의미가 없기 때문에 처음부터 블로그의 방향을 잡을 때 비즈니스 콘셉트와 일치하도록 만들어야 한다. 그래야 내가 원하는 독자들의 범주와 내가 발행하는 글의 정보를 원하는 독자들의 범주가 일치하게 된다. 그리고 그 과정이 일정 기간 이상 유지되었을 때 블로그 플랫폼을 통한 브랜딩이 형성된다.

2. 블로그 일일 방문자수에 너무 연연해하지 말자.

한때 맛집 블로그를 잠시 운영한 적이 있었다. 블로그 일일 방문자수가 8천 명 이상에 달했던 시기인데 지금 생각해보면 그냥 그저 스쳐 지나가는 사람들인 경우가 대부분이었다. 나와 교류를 하고, 소통을 하기보다 흘러가는 사람인 것이다. 맛집을 검색해서 내 블로그로 유입된 사람들 중 나와 가치관이 비슷한 사람은 얼마나 될까? 독서와 글쓰기, 시간관리에 대해 관심이 있는 사람들이 얼마나 될까? 내 강의를 듣고 나와 같은 길을 걸으며 성장할 사람이 얼마나 될까?

나는 이 가치를 모르는 사람들에게 억지로 알리려 하지 않는다. 대신에 그 가치를 알아보는 사람들과 함께하고, 그들에게 집중한다. 어떤 영역이든 가장 중요한 것은 타겟층을 분명히 하는 것이다. 특별한 고객층 없이 '저는 모든 연령대, 남녀노소 할 것 없이 모든 국민이 제 고객입니다'라고 한다면 망하기 딱 좋은 콘셉트일 것이다. 고객층이 '모든 사람'이라는 것은 그 누구도 만족시킬 수 없다는 것을 뜻한다. 남녀노소 누구나가 다 원하는 아이템을 판매하는 것만큼 어리석은 일은 없다. 점을 찍고, 그 점에서 고객층을 점점 확장시켜 나가야 한다. 타겟층은 분명하고 명확하게, 그리고 뾰족하게 설정하는 것이다.

어떤 사람들과 함께할 것인가에 대한 고민에 있어서도 나는 선택과 집중을 했다. 나와 가치관이 맞는 사람들과 인사이트를 나누며 같이 성장하고, 서로의 삶을 응원하는 관계가 되길 원했기 때문이다. 결국 그 관계는 뜨거워졌고, 든든한 조력자를 얻게 되었다.

그러니 블로그를 운영하고 있다면, 일일 방문자 수에 너무 연연해 하지 말자. 방문자 수는 말 그대로 방문자 수이다. 단순히 일일 방문자 수만 높이고 싶다면 네이버 실시간 검색어와 유사한 포스팅을 발행하거나 공동구매(일명 공구, 블로거들 사이에서 일반 마켓 형식이 아닌 일정 기간만 물건을 구매할 수 있도록 올려놓은 게시글로, 짧은 시간에 많은 고객들을 유입시킬 수 있고, 그 블로그의 일일 방문자수는 급증하게 됨) 종류의 글을 올리면 어렵지 않게 방문자 수를 높일 수 있다. 그러나 그로 인해 얻은 투데이는 내가 자체적으로 생성한 콘텐츠로 얻은 투데이가 아니다. 하루에 수천에서 수만 명의 사람들이 물건을 사기 위해 내 블로그에 오고, 그 유명세로 '지식 크리에이터'라는 주제로 책을 낸다 한들 그 고객들 중 내 책을 사볼 사람은 사실 거의 없다.

페이스북 '좋아요' 마케팅도 마찬가지다. '좋아요' 수가 수천 건에 이르렀다 해도 그것이 매출에 직접적인 영향은 주지 못한다는 학계의 연구발표가 있었다. 정보의 파급력과 확산력은 생길지라도, 그 '좋아요'를 누른 사람 전부가 내 고객은 아니라는 뜻이다. 그러니 표면적인 수치에 너무 연연해 하지 말자.

나만이 가진 양질의 콘텐츠를 지속적으로 블로그에 업로드하면, 유익한 정보를 얻고 싶은 분들은 계속해서 당신의 블로그에 모여들게 될 것이다. 흘러가는 천 명보다, 입소문을 내줄 수 있는 강력한 팬층 100명이 훨씬 낫다. 이 영역에서는 양보다 질이 중요하다. 오히려 보이는 것에 연연해서 투데이를 높이려고 자극적인 키워드나 실시간 검색어 등 무작위적인 글들로 블로그를 채운다면, 나만의 정체성과 전문성은 사라지게 되며 기존에 있던 유의미한 독자층 역시 사라지게 될 것이다.

명심하자. 일회성의 일일 방문자 수가 아니라 유의미한 독자가 핵심이다.

3. 본질에 집중하자.

블로그는 텍스트를 기반으로 한 검색엔진이다. 따라서 제목, 본문, 키워드, 이미지, 영상 등의 복합적인 요소들이 조화를 이뤄 하나의 완성된 형태의 글을 올리는 것이 가장 좋다. 그리고 이렇게 양질의 콘텐츠를 지속적으로 올렸을 때 최적화가 된다. 누군가 검색했을 때 가장 먼저, 가장 위에 노출이 되는 것이다.

블로그를 활용하는 1인 기업가라면 내용에 충실한 양질의 포스팅을 지속적으로 하는 것이 가장 좋다. 다른 사람들 비교하지 말고, 나의 길을 묵묵히 걸어가자. 이것은 1인 기업가의 삶에만 적용되는 게 아니라 블로그에서 글을 발행하는 작가에게 필요한 덕목이기도 하다. 내용을 탄탄하게 만드는 것이 가장 좋다. 다른 블로그나 투데이 수에 연연해하지 말고, 우직하게 본연의 길을 걸어간다면, 본인만의 콘텐츠는 차곡차곡 쌓일 것이고, 그 과정으로 인해 충성도 높은 블로그 이웃과 팬층은 자연스레 생겨날 것이다.

4. 무엇을 적을 것인가?(내 업과 관련된 전문성을 드러내라)

'무엇을 기록해야 하는가?'는 내가 블로그 글쓰기 수업을 할 때마다 매번 강조하는 부분이다. 그만큼 참여자분들이 가장 어려워하는 부분이기도 하고, 동시에 블로그를 하는 주요 목적이기도 하다.

어떻게 해야 할지 모를 땐, 목적을 떠올려보면 방향이 보일 때가 많다. 내가 블로그를 왜(Why) 하려고 했지? 내가 이 글을 왜 발행하려고 하지? 이 글을 읽는 사람들은 어떤 사람들이지? 나는 그들에게 어떤 도움을 주려고 하지? 등의 본질적인 질문을 계속 해보자. 그러면 블로거로서의 방향이 뚜렷해지고, 무엇을 수면 위로 드러내야 하는지 명확하게 알 수 있을 것이다. 그리고 같은 길을 꾸준하게 걸어간다면 당신도 정보의 생산자가 될 수 있을 것이다.

블로그를 하는 사람이라면 블로그의 정체성이 명확해야 한다. 특히 1인 기업가들에게 효자 노릇을 하는 대표 플랫폼일수록 그 색깔과 콘셉트가 뚜렷해야 한다. 누가 봐도 이 블로그는 "독서하는 블로그다!" 혹은 "아 여긴 인테리어 블로그구나!"라고 명확하게 인식할 수 있어야 한다. 블로그는 1인 기업체의 홍보모델이기도 하다. 무엇을 드러낼 것인지, 어떤 부분을 강조할 것인지 만들어가는 공간이다.

사업체의 홈페이지처럼 상품 소개만 가득한 블로그가 아니라 사람냄새가 물씬 풍기고, 소통하는 공간이라는 이미지를 드러내는 것이 훨씬 좋다. 내가 제품을 파는 사람이라면 카탈로그처럼 제품 소개만 쫙 나열하는 것이 아니라, 여러 폴더를 통해 내 삶의 가치관은 무엇이고 업의 철학이 무엇인지 드러낸다면 금상첨화다. 강의를 하는 사람이라면 모집글이나 후기만 올릴 게 아니라, 이 글을 읽는 독자들에게 노하우나 정보를 제공할 수 있는 글을 올리는 게 좋다. 이 글을 읽는 사람들이 무엇을 필요로 하는지 독자들의 니즈와 원츠를 빠르게 파악할 수 있는 안목이 필요하다.

블로그 컨설팅을 하다 보면 카테고리가 일관성이 없고 무작위적인 글들로 가득 채워진 블로그를 접할 때가 있는데, 그 경우엔 콘셉트를 잡는 것부터 다시 시작한다. 디자인을 하는 1인 기업가인데 맛집 탐방, 여행 포스팅, 일상, 카페 투어 등 블로그에 정돈되지 않은 복잡한 카테고리들로 가득 차 있다면, 최상위 카테고리를 설정하고 그 안에서 다시 나누는 것이 좋다. 물론 메인은 디자인과 관련된 카테고리여야 한다. 발행된 글을 봤을 때, 질적으로나 양적으로 디자인 분야가 주를 이루어야 한다는 것이다. 그게 아니라 일상, 맛집이 주를 이룬다면 주객전도가 된다. 이 블로그가 디자인하는 블로그인지, 맛집 블로그인지 독자들은 헷갈리게 된다.

내 전문 분야와 관련된 글들을 작성하고, 다양한 노하우와 정보를 그곳에서 나눠보자. 무언가 유익한 글들을 봤을 때 사람들은 다가오게 마련이다. 지나가는 사람들 말고, 내가 연결되고 싶은 사람들, 내 비지니스 분야와 관련된 사람들을 만나고 싶다면, 당연히 그 분야의 글을 써야 한다.

그러기 위해선 지속적인 공부가 필요하다. 단순히 내 생각을 배설하는 도구로만 블로그를 사용하는 게 아니라, 이제는 구체적인 정보와 데이터를 기반으로 내 독자층(고객층)을 넓힐 수 있는 수단으로 만들어야 하기 때문에 독자들을 파악하고 분석해서 그들의 니즈와 원츠를 채울 수 있는 정보를 주는 것이 바람직하다.

내 블로그에는 매달 강연과 관련된 공지가 올라오기도 하지만, 그보다 더 많이 업데이트되는 것은 자기계발의 다양한 노하우들이다. 시간관리법, 글쓰기 방법, 또는 요즘 읽는 책들을 소개하기도 하고, 유익한 인사이트를 받은 신문기사가 있다면 공유하기도 하고, 함께 보면 좋을 만한 프로그램이나 유튜브 채널을 소개하기도 한다. 물론 일상을 올리기도 하지만 가치성장연구소의 콘셉트와 철학에서 크게 벗어나지 않는 범위 내에서 도움이 될만한 정보들을 선별하여 글을 작성한다. 이렇게 무언가 얻어갈 수 있는 정보나 지식, 노하우가 담겨 있는 글을 써보자. 걱정하지 않아도 자연스레 유의미한 독자들이 생겨날 것이다.

5. 소통하는 블로거가 되라

마지막 팁은, 소통하는 블로거가 되는 것이다. 지금은 소통의 시대이다. 블로그는 애초에 소통하기 위한 공간으로 만들어졌다. 각각의 기능들을 보면 그 이유를 알 수 있다. 댓글을 주고받을 수 있는 기능, 공감을 누를 수 있는 기능 등은 블로그 본연의 목적 중 하나인 소통을 활발하게 하기 위해서다. 만약 정보를 생산해내는 도구로만 사용

될 목적이었다면, 네이버는 애초에 공감 기능이나 댓글 기능을 만들지 않았을 것이다. 정보를 일방적으로 내보내기만 하는 홈페이지 형태의 플랫폼이 아니라 블로그형 플랫폼이라는 것을 다시 한 번 생각해보자.

그러니 블로그에 질문이 달리면 답변도 해주고, 가치관이 비슷하거나 관심분야에 있는 블로그를 먼저 찾아가기도 하면서 소통하는 블로거가 되자. 정보만 생산한다고 해서 생산자가 되는 것은 아니다. 지금 시대에 필요한 것은 독자와의 꾸준한 소통이고, 그 과정을 통해 피드백을 받은 콘텐츠는 점점 더 견고해질 수 있다.

4장

수익 시스템 만들기

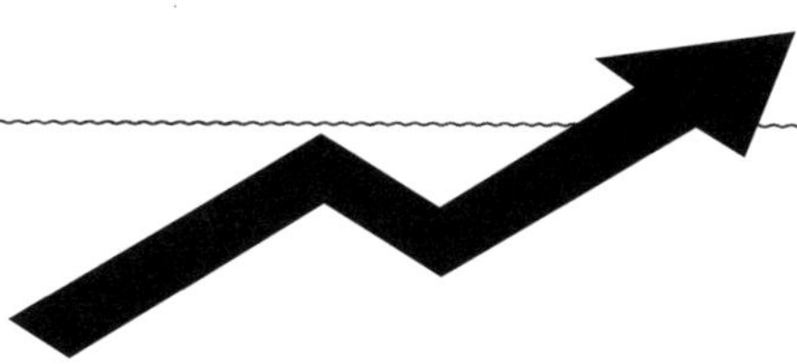

1인 기업가는 어떻게 수익을 만드는가?

1. 콘텐츠를 수익과 연결시키는 방법

1인 기업가는 월급을 "받는 것"이 아니라 수익을 "만드는 것"이기 때문에 수입에 대한 생각 자체를 다르게 해야 한다. 제대로만 한다면, 내가 일하는 만큼 수익구조를 만들 수 있는 업의 형태이기 때문이다. 조직에 적을 두고 있을 때에는 아무리 열심히 일하고, 밤늦게까지 야근하고, 실적을 올려도 월급 인상에는 한계가 있었다. 인센티브를 추가적으로 받는 경우도 있겠지만 이것은 극히 드문 경우이고, 대부분 내 실적과 노력에 상관없이 매달 동일한 금액을 월급 형태로 지급 받는다.

지식 분야에서 1인 기업가로 일하고 있는 나는, 현재 고정 월급이 아닌 다양한 수익 루트를 가지고 있다. 소그룹 코칭, 외부출강, 온라인 프로젝트, 컨설팅, 광고수익 등 비즈니스모델이 다양한 만큼 수익 루트 또한 다양하다.

우리 연구소의 수익 루트를 크게 보면 강의(자체 개설 강좌+외부강의), 프로젝트, 컨설팅으로 나눠볼 수 있는데, 이 중에서 가장 높은 비중을 차지하는 부분은 외부출강이 아니라 자체개설 강좌(가치성장연구소에서 자체적으로 진행하는 강좌)이다. 나 스스로 수업과 강의를 개설해서 직접 신청을 받고, 장소를 대관해서 진행하는 소그룹 코칭이 가장 큰 수입원을 차지하고 있다. 운영방식은 다르지만 어쨌든 강의가 주요 수업원임에는 틀림이 없다.

나의 사업구조는 크게 세 부분으로 나눌 수 있다. 콘텐츠 기획–모객–전달(코칭, 강연, 컨설팅, 프로젝트)이다.

여기서 1단계인 콘텐츠 기획단계는 말 그대로 콘텐츠를 제작하는 과정이다. R&D(연구개발부)라고 생각하면 쉽다. 당장 수익으로 연결되지는 않지만, 코칭과 프로젝트를 기획하며 공부하고, 연구하며 본질에 집중하는 시간을 의미한다. 독서, 특강, 강의, 모임, 신문, 칼럼, 다큐, 영화 등 장르와 분야를 가리지 않고 공부하며 인사이트를 찾는다. 그리고 다양한 경험을 통해 아이디어를 만들고 나만의 콘텐츠가 될 수 있게 내용을 만들고 다듬는다. 그리고 그 아이디어는 강연과 프로젝트, 컨설팅의 초안이 된다. 대부분 글쓰기의 작업으로 진행되지만,

최근에는 유튜브 채널도 시작했기 때문에 영상을 촬영하고 편집하는 단계도 1단계에 포함하고 있다.

그리고 두 번째는 고객을 모집하는 과정인 모객단계이다. 조직으로 보자면 홍보팀 혹은 마케팅팀이 된다. 아무리 내가 훌륭한 콘텐츠를 가지고 있어도, 고객에게 이 사실을 알릴 수 없다면, 아무 의미가 없다.

대부분의 강사들은 강사와 기관을 연결해주는 외부 컨설팅 플랫폼을 이용하거나 소속단체의 선택을 받기 위해 노력한다. 브랜딩이 되어 있지 않다면, 이렇게 외부환경에 의지할 수밖에 없지만 최적화가 되어 있는 블로그가 있다면 어렵지 않게 고객에게 다가갈 수 있다. 나 같은 경우, 모집공고는 대부분 블로그에 업로드하고, 신청 역시 블로그에서 받고 있다. 내 블로그이기 때문에 그 어떤 수수료도 내지 않는다(대신 블로그를 통해 거래가 이루어지고 있기 때문에 통신판매업 신고는 필수이다.)

마지막 단계는 직접적인 수익으로 연결되는 단계이다. 다른 사람들과 직접 연결되는 단계이며, 자체 개설 강좌, 외부출강, 프로젝트, 컨설팅 혹은 저서 집필 등의 다양한 형태로 구상할 수 있고 수익은 이 단계에서 만들어진다.

2. 안정적으로 몸값을 높일 수 있는 가장 좋은 방법

나는 외부출강에 비해 훨씬 안정적으로 내 몸값을 높일 수 있는 자체 개설 강좌의 방식으로 수익의 안정화를 구축했고, 이는 수익모델의 다각화를 이루는데 많은 도움이 되었다. 사실 초보 강사는 출강을 나가게 될 가능성도 낮을 뿐더러(아직 인지도나 브랜딩이 구축되어있지 않으므로), 만약 지인을 통해 강의를 나가더라도 매우 적은 보수를 받고 강의를 해야 하는 경우가 많다. 초보 강사 입장에서 볼 때, 강의료에 상관없이 강의 의뢰를 받는 것만으로도 매우 감사한 일이지만 감사한 마음과 경제적인 부분은 별개의 영역이다. 적은 보수를 받으며 일을 하는 이 과정이 지속되면, 결국 제 살 깎아먹기 밖에 되지 않는다.

그래서 나는 출강이 아니라 처음부터 내 수업에 집중하는 방법을 선택했고, 콘텐츠와 강연의 질을 높이는데 많은 투자를 했다. 당연히 처음에는 수익이 적을 수밖에 없었다. 외부강연처럼 수시로 강의를 할 수 있는 구조가 아니기 때문에 초반엔 많은 수익을 낼 수 없지만 이 방법은 시간이 지날수록 내 몸값을 높일 수 있는 방법이 되었다.

가치성장연구소의 메인 과정을 만들고, 그 주제에 대해 지속적으로 연구하고, 강의안을 업데이트 하며 자체 개설 강좌의 퀄리티를 높였다. 자연스레 입소문이 나기 시작했다. 특히 강의 후기를 블로그에 작성하는 참여자분들이 늘어나면서부터 강좌에 대한 인기가 높아졌는데, 강좌를 개설했을 때 하루 만에 조기마감되는 일들이 종종 생겼다. 그리고 이 시기가 성장의 길로 한 번 더 점프하는 시점이 되었다.

이런 상황이 되면 보통 더 많은 수익을 얻기 위해 더 많은 고객들을 강좌에 등록시키며 새로운 고객을 모집하기 위해 더 많은 에너지를 쓰게 된다. 그러나 나는 처음 세운 업의 철학에 따라 소그룹의 원칙을 철저히 지키며, 콘텐츠의 질을 높이는데 집중했다. 그리고 새로운 고객 유치가 아니라, 기존 고객분들을 만족시키려고 노력했다. 단기적인 이익만 추구하는 게 아니라 장기적인 관점으로 비즈니스를 진행했고, 그렇게 우리 연구소의 프로그램의 가치를 높일 수 있게 되었다. 덕분에 가치성장연구소의 강좌들은 지속적으로 입소문이 나게 되었고, 꾸준하게 성장하게 되었다.

무조건 많은 강의를 뛰는 것이 내 몸값을 높이는 유일한 방법은 아니다. 나는 내 콘텐츠에 집중했고, 동시에 블로그를 통한 퍼스널 브랜딩을 구축하는데 시간을 투자했다. "서지은"이라는 이름을 브랜딩하기 위해 불려 다니는 강의가 아니라, 내가 직접 개설하는 강의를 만들었고, 나만의 콘텐츠를 기획해서 수업을 만드는 일에 집중했다. 그리고 이 선택은 시간이 지날수록 복리효과를 나타내기 시작했다.

처음부터 출강만 하던 사람이라면 3년 전이나 지금이나 몸값이 별반 차이가 없을 확률이 높다. 몇 년이 지나도 비슷한 수준의 강의료를 받으며 활동할 수밖에 없다. 하지만 본인의 브랜딩 구축에 힘쓰고, 자신만의 콘텐츠에 집중했던 사람은 불과 1년 사이에도 몸값이 가파르게 상승한다. 수익이 전부는 아니지만, 어느 정도의 수익이 일정하게 보장되어야 본인이 원하는 업을 지속할 수 있다. 그리고 1인 기업가의 수익부분에서의 핵심은 장기적인 관점을 가지고 시간의 복리를 아는 것이다. 1인 기업가는 내가 어디에 시간을 투자해야 내 몸값을 높일 수 있는지 파악하고 장기적인 관점을 가지고 뛰어야 한다. 당장 10만 원을 벌기 위해 지금 이 강의를 나가는 것이 좋을지, 아니면 잠재적인 수익을 얻을 수 있는 콘텐츠를 개발하는 시간을 갖는 게 더 중요한지 잘 판단해야 한다. 눈에 보이는 것이 전부가 아니니다. 오히려 정말 중요한 일은, 눈에 보이지 않을 때가 더 많다. 그래서 1인 기업가는 수익 그 자체보다도 수익이 될 수 있는 것을 알아볼 수 있는 혜안과, 그것을 분별할 수 있는 통찰력이 필요하다.

시간의 가치

1. 내 몸값을 높이는 시간가 계산하기

앞서 말했지만, 1인 기업가는 몸값이 매우 중요하다. 다시 말해 시간의 가격인 시간가(價)를 다스리는 게 핵심이다. 나에게 주어진 2시간이 얼마의 가치가 있는지 스스로 파악할 수 있는 안목을 가져야 한다.

예를 들어 초보 강사가 2시간 강의를 나가서 10만 원을 번다고 가정해보자. 물론 매우 감사한 기회이고, 소중한 수입원일 수 있다. 그러나 강의가 들어올 때마다 앞뒤 따지지 않고 강의에 응한다면, 잠재적인 수익구조를 만들 시간이 없어진다. 여기서의 핵심은 내가 버는 10만 원의 비용이 아니라, 그것을 선택함으로 인해 내가 잃어버린 시간이 얼마인지 알아야 한다는 것이다. 즉, 기회비용이 무엇인지 깨달아야 한다. 2시간 강의지만, 그 강의를 위해 이동하는 4시간 + 강의를 준비하던 4주간의 시간을 종합적으로 고려해봐야 한다. '와! 나는 2시간 일해서 10만 원 번다'가 아니다. 실제적으로 그 2시간의 강의를 위해 투자한 나의 시간은 14일이 될 수도 있다. 그리고 내가 잃어버리는 14일이 될 수 있다.

잘 따져봐야 한다. 나는 지금 책 출판을 준비하는 매우 중요한 시기인데, 계속해서 강의만 나가게 되면 당장의 수입은 들어오겠지만, 원고 집필하는 시간을 확보하지 못해 책 출간이 무기한 연기될 수 있다. 사실 1인 기업가에겐 자신만의 책을 출간하는 일이 무엇보다 중요한 브랜딩의 기회가 될 수 있다. 그러나 원고를 집필하는 몇 년 동안은 눈에 보이는 수익이 없기 때문에 이 일을 자꾸 미루게 되고, 돈을 벌기 위해 강의를 나가게 된다.

물론 강연료를 받아서 버티는 일도 중요하지만, 여기서 말하는 핵심은 균형을 잡을 수 있는 능력이 있어야 한다는 것이다. 한 달에 한 번씩 나가는 강의로 강연료 20만 원의 강의가 들어오는 사람은 3년 후에도 그 값을 받고 강의를 나가게 된다. 브랜딩이 되지 않으면 3년 전이나, 3년 후나 내 몸값은 오르지 않는 것이다(기관 입장에서는 예산을 세울 때 이미 책정해둔 강사료가 있다. 특별한 경우가 아니라면 규정에 맞는 예산 안에서 강사를 섭외하기 때문에 굳이 몸값이 높은 강사를 섭외할 필요가 없다. 왜냐하면 강사료 20만원을 불러도 강의를 해줄 강사는 무수히 많기 때문이다.) 오히려 물가상승률을 고려한다면, 내 몸값이 하락하는 것이다. 하지만 그 사이에 책 한권을 쓰게 되면 한 번 강의를 나갈 때 내 몸값이 몇 배로 상승하게 된다.

따라서 1인 기업가는 일을 할 때, 장기적인 관점을 가지고 현명한 선택을 해야 한다. 블로그에 칼럼을 작성하거나, 유튜브에 올릴 영상을 편집하는 일이 지금 당장은 수익으로 연결되지 않지만, 이 과정이 쌓이면 브랜딩이 되기 때문에 내 몸값을 높일 수 있는 좋은 과정이 될 수 있다. 그래서 1인 기업가는 이 모든 과정이 선순환을 이룰 수 있도록 시간의 가치와 수익의 가치를 함께 관리하는 것이 매우 중요하다.

즉, 1인 기업가에게 있어서 시간관리는 곧 수익관리로 귀결된다. 강의로 가장 많은 수익을 얻지만, 그 강의를 개설하기 위해선 브랜딩이 되어 있어야 하고 그러기 위해선 블로그가 최적화가 되어 있어야 하고, 나만의 탄탄한 콘텐츠가 있어야 한다. 결국 1인 기업가의 수익적인 측면에서도 본질이 우선이다. 훌륭한 콘텐츠, 남과 다른 차별성, 수많은 강사들 중에서도 군계일학이 될 수 있는 퍼스널 브랜딩, 그리고 장기적인 관점으로 균형을 잡을 수 있는 안목, 이 모든 것들이 더해지면 성장하는 수익시스템을 가질 수 있다.

수익모델의 다각화

메인 수익모델이 어느 정도 안정기에 접어들었다면 이제는 수익모델을 확장해야 하는 시기이다. 1인 기업가는 하나의 수입원만으로는 절대 버틸 수 없다. 그 어느 것도 안정성이 보장되지 않기 때문에 하나의 수입원만 믿고 있다가는 1인 기업가로 생존하는데 많은 어려움이 생길 수 있다.

내가 다녔던 회사는 당해 연도, 혹은 분기별 실적이 저조했어도 월급을 꼬박꼬박 제때 지급해주고, 심지어 경기가 어려워 적자를 기록했어도, 월급에는 사실 많은 타격을 받지 않는다. 그러나 1인 기업가의 수입은 월급의 개념이 아니다. 강의가 들어오지 않는 시즌(비수기)

에는 월급은커녕 사무실 임대료를 내지 못하는 상황이 발생할 수도 있고, 생계는커녕 교통비조차 벌어들이지 못하는 상황이 발생할 수도 있다. 그래서 1인 기업가에게는 수익모델을 확장해서 다각화 하는 것이 중요하다. 크지 않은 수업원이라 해도 여러 루트를 통해 수익이 만들어지는 시스템을 만들어 놓아야 안정성 있게 이 일을 지속할 수 있기 때문이다.

여기서 수익모델 확장은 곧 비즈니스모델 확장을 의미한다. 만약 내가 디자인으로 홀로서기를 시작해서 1인 기업가가 되었다면, 계약한 클라이언트에게 직접 제품을 판매해서 발생하는 수익뿐만 아니라, 스스로 디자인 강의를 개설해서 얻게 된 강의료로 수익을 만들 수 있고, 디자인에 관련된 책을 출판해서 받은 인세로 수익을 만들 수도 있다. 지금 시대에 최적의 수익 시스템 구조는 강연과 책, 그리고 이것들을 유통할 수 있는 플랫폼(블로그, 유튜브 등)의 선순환 시스템이다. 1인 기업가는 이렇게 비즈니스모델을 다각화할 수 있어야 한다.

지금은 무엇이든 강연으로 만들 수 있는 시대이다. 책과 관련된 분야에서만 해도 정말 다양한 강의들이 많다. 책 읽는 방법을 알려주는 독서 강의, 독서 정리를 잘하는 방법(독서노트)에 대한 강의, 책 쓰기 강의, 책 출판 강의, 글쓰기 강의, 독립서점 창업 강의, 북카페 창업 강의, 기록 강의 등 할 것 없이 쭉쭉 가지를 뻗어나가는 분야이다. 강의 분야에 대한 하나의 사례로 "책"을 선택했지만 사실 모든 분야에서 강의를 할 수 있는 시대가 왔다.

내가 카페를 오픈해서 커피를 만들어 팔게 되면, 판매 수익이 생긴다. 하지만 거기서 더 나아가 커피를 만드는 방법을 알려주는 강좌를 개설하면 수익모델이 다각화되는 것이다. 커피 만드는 방법뿐만 아니라 카페 창업 방법에 대해 알려주는 강좌, 자영업 매출을 올리는 강좌 등 얼마든지 다양한 강의로 연결될 수 있다.

벌써 몇 년째 매주 강남에서 강의를 하다 보니 다양한 분야의 강의를 접하게 된다. 이렇게 수많은 강좌를 접하다보면 생각하지 못했던 것들이 아이디어가 될 수 있고, 노하우도 나누다보면 강좌로 연결될 수 있음을 직접 눈으로 확인하고 있다. 독서 강좌, 글쓰기 강좌, 책쓰기 강좌 등의 영역은 기본이고, 창업 강좌, 블록체인 강좌, 4차 산업혁명 강좌, 부동산 강좌, 주식 강좌, 재테크 강좌, 프로그램 사용법(에버노트, 영상편집 프로그램, 마인드맵 등) 강좌 할 것 없이 자기계발 영역은 이미 많은 분야의 강좌가 진행되고 있다. 뿐만 아니라 드로잉 강좌, 베이킹 강좌, 사진 강좌, 플라워 강좌, 뜨개질 강좌, 다이어트 강좌, 악기 강좌 등 취미 여가와 관련한 강좌들도 계속해서 많이 늘어나고 있는 추세이다.

워라밸 트렌드와 맞물려 과거에 비해 개인시간이 늘어난 직장인들이 점점 많아지면서 다양한 강좌와 클래스에 등록해서 무언가를 배우는 데 투자하는 사람들이 많아지고 있다. 자연스레 강연 콘텐츠는 점점 더 확장되고 성장하고 있다. 직장인뿐만 아니라 주부들도 자기계발에 적극 참여하고 있다. 취업이나 진급만을 위해 자기계발을 하는 것이 아니라, 이제는 새로운 시대를 준비하기 위해 주부들도 자기계발을 게을리 하지 않는 것이다. 반복적인 성향이 강한 집안일은 비용을 들여 해결하고, 대신 그 시간을 이용해 자기계발 하는 젊은 주부층들이 많이 늘어나고 있다. 육아를 하는 시간이 경력단절의 시간으로 남는 게 아니라, 사회생활을 다시 시작하기 위한 준비시간이라 생각하며 내공을 쌓는 성장의 시간으로 만들고 있는 것이다.

그리고 이러한 강의는 오프라인뿐만 아니라 온라인에서도 활발하게 이루어지고 있다. 시간과 장소에 한계가 없는 온라인의 장점을 살려 다양한 사람들에게 지식과 정보를 제공하며 수익을 얻을 수 있는 시스템을 구축해보는 것도 좋을 것이다.

수익 시스템 관리능력 키우기

1. 사업가 마인드 갖기

1인 기업가로서 어느 정도 기반을 마련해놓았다면 이제는 수익을 관리할 수 있는 능력을 키워야 한다. 사업 초기에는 수익을 만드는 일에 집중해야 하지만 어느 정도의 시간이 지났다면 이제는 그 영역을 관리할 수 있는 능력이 더 중요해진다. 특히 이 능력은 수익모델이 다각화될 때 빛을 발한다.

가장 먼저 가져야 할 것은 사업가 마인드를 갖는 것이다. 1인 기업을 시작한 그 순간부터 당신은 사업가이다. 수익관리 측면에서 사업가 마인드를 갖는 것은 굉장히 중요한 부분인데 개인통장과 사업통장을 구분함으로써 무분별한 지출을 막고, 예산계획을 세워봄으로써 사업구조의 전체적인 아웃라인을 그릴 수 있게 된다. 최소 한 분기에서 1년 정도의 시간이 지나면 사업비용에 대한 대략적인 사이클이 만들어진다. 언제, 어떤 지출비용이 발생하는지 판단할 수 있다면 예산을 효율적으로 관리할 수 있다.

나의 경우 가치성장연구소를 설립한 이후 바로 사업자등록을 했기 때문에 바로 사업자카드를 발급받을 수 있었다. 수익 및 경비는 그 계좌로만 관리하기 때문에 사업예산이나 경비에 관련된 일을 처리할 때 훨씬 편했다. 만약 개인통장과 병행해서 관리를 했더라면 굉장히 복잡하고, 번거로웠을 것이다.

세부적으로는 강의, 출강비, 프로젝트 수익의 통장을 단일화하고, 사업에 필요한 지출을 하는 계좌도 단일화해서 사용하기 때문에 세금신고를 할 때 보다 쉽게 일을 처리할 수 있었다.

2. 예산집행비 계획하기

내 수익은 강의, 출강비, 프로젝트, 컨설팅 등으로 구분되고, 비용지출은 크게 연구개발비(R&D), 사업운영비, 업무추진비 등으로 나눠진다. 특히 여기서 연구개발비는 수익의 10% 이상을 들여 나에게 재투자하는 비용이다. 계속해서 연구하고 공부를 해야 하는 직업이기

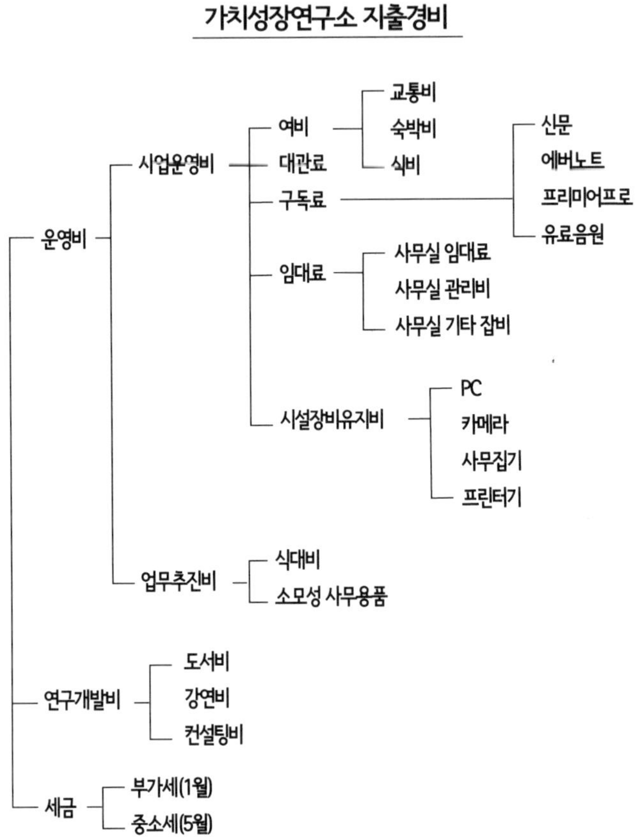

[그림 8] 1인 기업가의 지출경비

에 수익이 크게 없더라도 이 부분은 절대 줄여서는 안 되는 부분이다. 최소가 10%이다. 이익과 실적을 중요하게 여기는 기업에서조차 이익이 발생하지 않는 연구개발부를 존속시키는 이유는 기업이 장기적으로 사업을 지속하고 성장할 수 있으려면 연구개발부서가 필요하기 때문이다. 나는 이 10%를 사업 초기부터 따로 만들어 도서구입비, 강연료, 컨설팅 등의 비용으로 사용하고 있다. 보통 도서구입비와 강연을 듣는데 투자를 많이 하고, 컨설팅의 경우 사업 초기 세무관련 영역에 대해 문의하고 의뢰하려고 투자했다.

1인 기업은 모든 것을 내가 통제할 수 있는 업의 형태이지만 모든 것을 내가 할 필요는 없다. 그럴만한 시간도, 에너지도 우리에겐 없다. 위임할 수 있는 영역은 전문가에게 위임하는 것이 훨씬 현명한 길이다. 10년 넘게 세무공부를 하고, 현장에서 다양한 사례를 접하며 일하고 있는 현직 세무사보다 내가 더 많은 세무 지식을 갖게 될 확률은 극히 미비하다. 나는 내가 잘하는 분야에 집중하면 된다. 이것이 1인 기업을 운영하는데 있어 효율적이고도 효과적인 방법이다.

또한 매월 고정지출비용은 얼마인지, 목돈이 나가는 시기는 언제인지에 대해 내가 예상할 수 있다면 미리 대비할 수 있기 때문에 일을 관리하는 측면에서도 효율적이다. 예산을 내가 통제할 수 있기 때문에 목돈이 나갈 시기가 있다면 미리 조금씩 그 부분을 준비할 수 있기 때문에 비용적인 측면에서도, 심리적인 측면에서도 부담이 훨씬 줄어든다.

① 사업운영비

나의 경우 사업운영비는 고정지출비용에 해당되는 영역으로, 일을 하는데 들어가는 모든 비용을 의미한다. 강연 장소 대관료, 교통비, 명함 및 로고 제작, 굿즈 제작, 그리고 마지막으로 매달 고정적으로 지출되는 프로그램 및 구독료의 항목이다. 내가 매달 지불하는 고정지출비용은 신문 구독료, 에버노트 프리미엄(백업 클라우드), 프리미어프로(편집프로그램), 음원 프로그램 구독료 등 네 가지 영역이다.

그리고 본인의 사무실이 있는 분이라면 임대료 또한 발생하게 된다. 나는 사무실 비용으로 한 달에 50만 원씩 임대료를 지불하고 있다. 세부항목으로 보면 크지 않은 것 같아도 사업운영비로 묶어서 보면 한 달에 적지 않은 비용이 발생하는 부분이다. 미리 체크하고 계획을 세워서 낭비되는 부분이 없도록 관리해야 한다.

② 업무추진비

업무추진비의 경우 사업에 직접적인 비용지출은 아니지만 그 사업을 위해 필요한 물품 구입비나 식대 비용을 의미한다. 보통 강의 전후의 식사 비용 및 강의를 준비하기 위해 들른 카페 비용 등이 많다. 물품구입비에는 문구류나 사무집기들이 포함된다.

③ 세금

그리고 매년 세금을 내야 하기 때문에 이 부분을 미리 인지하는 것이 좋다. 사업자등록을 하게 되면 사업자카드를 발급받을 수 있게 된다. 그리고 그 카드로 지출되는 비용은 자동적으로 홈텍스에 연동되기 때문에 나중에 세금관련 등록을 할 때도 일의 가짓수가 줄어들기 때문에 일처리를 하는데 훨씬 편하다.

부가가치세와 종합소득세를 납부해야 할 때에도 세금납부 하는 기간에 납부 금액을 준비하는 게 아니라 매월 정해진 날짜에 정산을 하면서 납부할 세금을 미리 따로 모아둔다. 그때그때 세금통장을 미리 만들어두면 따로 돈을 마련할 필요가 없기 때문에 마음의 부담도 훨씬 줄어든다.

3. 수익은 결과물이다

사실 나는 돈을 버는 능력보다도 더 갖고 싶었던 능력이 있었는데 그것은 바로 돈을 관리할 수 있는 능력이었다. 시간관리와도 같은 맥락이다. 시간관리 영역에서도 시간을 관리하지 않으면 시간에 쫓겨 다니듯이, 돈도 마찬가지다. 내가 돈을 다스릴 수 없다면, 돈이 나를 다스리게 된다. 결국 다스리는 능력, 관리할 수 있는 능력이 없다면, 나는 돈에 끌려 다니게 되고, 시간에 끌려 다니게 될 것이다. 그 일을 미연에 방지하기 위해 나만의 기준과 원칙을 세웠고 그것들은 가치성장연구소의 철학이 되었다. 수익은 내가 가치를 실현시키는 과정 속에서 자연스레 따라오는 결과물 중 하나이지 최종 목적은 아니다. 수익을 최우선 순위로 삼지 않으려면 확실한 나만의 기준이 필요했다. 그래서 업의 철학을 세웠으며, 그 철학을 지켜나가는 과정 속에서 수익은 결과가 되었다. 목적과 결과는 엄연히 다른 개념이다. 그리고 나는 이 둘의 차이를 명확히 알고 있었다. 목적에 방향을 두고 묵묵히 걸어 나간다면, 좋은 결과는 필연적으로 따라오게 될 것이다.

5장

1인 기업가 생존노하우

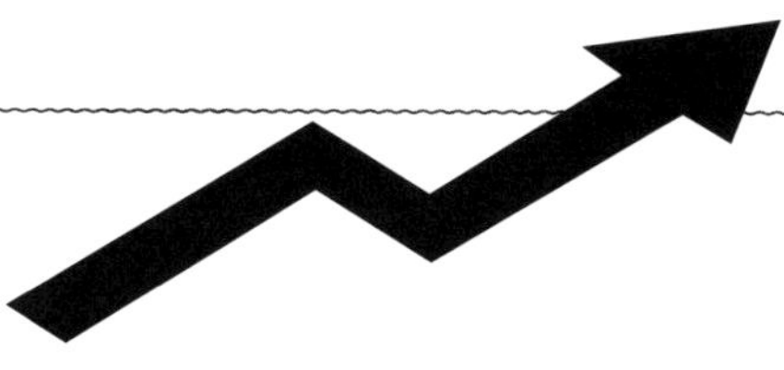

가치관리

어떤 일을 하든지 일을 시작하기 전에 기초 작업을 탄탄히 하는 것은 매우 중요한 일이다. 1인 기업가도 마찬가지이다. 기초가 탄탄해야 높이 올라갈수록 견고하게 성장할 수 있기 때문이다.

1인 기업가에게 있어서 기초를 탄탄히 세우는 일은 단연 가치를 만드는 것이다. 일의 철학을 세운다고 생각하면 된다. 가치를 확립하는 것은 일의 우선순위를 미리 생각하겠다는 것을 의미한다. 이러한 업의 가치는 업의 철학, 신념, 사명, 비전, 기준, 원칙, 우선순위와도 같은 맥락에 있다. 이 범주에 해당하는 본인만의 정의를 미리 세우면 본격적으로 일을 해야 하는 순간에 에너지를 분산시키지 않고 본질에만 집중할 수 있게 된다.

1인 기업가는 A부터 Z까지 모든 일을 혼자서 하는 업의 형태이다. 하나의 영역 안에서도 수많은 의사결정과 수십 가지 선택지가 있을 텐데, 특히나 모든 부서의 일들을 혼자 감당해야 하는 1인 기업가는 하루에도 무수히 많은 결정을 내려야 하는 게 숙명이다. 그리고 무언가를 결정해야 하는 상황에 처했을 때 본인만의 명확한 기준이 없다면 고민은 끝이 없고 결국 본질은 흔들리게 된다.

1인 기업가는 에너지가 최대의 자원이기 때문에 어떻게 하면 이 에너지를 비축해서 본질에 투자할 수 있을지 고민해야 한다. 하루에도 수십 가지 결정을 해야 하는 위치에 있는 기업의 대표가 작은 일 하나에도 시간과 에너지를 쏟게 되면 상대적으로 본질에 투입되는 에너지의 양은 줄어들게 된다. 우리가 하루 동안 쓸 수 있는 에너지는 한계가 있기 때문이다. 에너지는 본질에 집중해야 한다. 그리고 이러한 과정을 유지하기 위해서 업의 가치와 철학을 미리 세우는 것이다.

이러한 가치를 미리 확립해 놓으면 에너지를 효율적으로 사용할 수 있을 뿐만 아니라 내가 추구하는 업의 방향에 맞게 이 길을 만들어나갈 수 있다. 가치를 설정한다는 것은 내가 나아가야 할 궤도를 설정한다는 뜻이다. 감사, 행복, 성장, 성숙, 이 네 가지 키워드가 내 삶이 지향하는 핵심가치이다. '감사와 행복으로 성장하는 성숙한 크리스천이 되는 것'이 내 삶의 비전이다. 가치성장연구소의 핵심가치 또한 내가 설정한 삶의 가치에서 크게 벗어나지 않는다.

함께 성장하며 행동으로 변화해 삶의 가치를 높인다는 것이 가치성장연구소가 지향하는 가치이며 비전이다. 가치의 세부 사항들은 상황에 따라 변할 수 있지만 중심축은 변하지 않는다. 가치, 성장, 행동, 변화의 주요 가치들은 내가 이 일을 하면서 선택의 갈림길에 서 있을 때 나의 방향성을 뚜렷하게 해주는 나침반 역할을 하게 된다.

내면관리

1. 불확실함을 받아들여라

누구보다 트렌드에 민감해야 하고, 끊임없이 연구해야 하며, 무수히 많은 결정의 순간을 오롯이 홀로 감당해야 하는 업, 이것이 1인 기업가의 삶이다. 이런 1인 기업가의 삶에서 가장 확실한 것이 있다면 미래가 불확실하다는 것이다. 회사에 다닐 때처럼 매월 정해진 날짜에 월급이 나오는 것도 아니고, 월급은커녕 사무실 임대료를 제때 낼 수 있을지조차 알 수 없는 것이 1인 기업의 현실이다. 수익적인 부분만 해당하는 것도 아니다. 애정을 가지고 시작한 일이 언제 빛을 보게 될지 기약할 수 없고, 내가 선택한 길의 미래는커녕 한치 앞도 내다볼 수 없기 때문에 불안하고 불확실한 것이 사실이다.

그러나 지금은 불확실함의 시대이다. 그 무엇도 확실한 것이 없고, 그 어떤 영역도 안정적인 것과는 거리가 멀다. 이 시대에 가장 불확실한 1인 기업가가 되었다는 것은 아이러니하게도 가장 안전한 것임을 의미하기도 한다. 세상 자체가 불안하고 불확실한데, 조직이라고 안전하겠는가? 오히려 아무런 위기의식 없이, 아무런 준비 없이 나이만 먹고 사회에 나오기보다 1인 기업에 뛰어 들어 남들보다 먼저 준비하고 대비하는 것이 어쩌면 가장 불확실한 이 시대를 생존하는 방법이 아닐까 생각해본다.

2. 인풋과 아웃풋의 균형 맞추기

지식분야의 1인 기업가로 일하다 보면 기본적으로 아웃풋에 많은 에너지를 쓰게 된다. 강의를 나가고, 컨설팅을 진행하고, 자문을 하고, 코칭을 하고, 프로젝트를 하는 등 수많은 아웃풋 행위들을 하게 된다. 그래서 본인의 페이스도 모르고 속도를 조절하지 못하면 금방 번아웃이 된다.

눈에 보이지 않는 연구개발보다는, 당장 눈앞에 보이는 수익이 아웃풋으로 연결되는 경우가 많기 때문에 지나친 수익사업에만 집중하다 보면 나도 모르게 에너지가 고갈된다. 그 어떤 것으로도 채워지지 않는 에너지 소진 상태에 빠지는 것이다. 사실 이럴 땐 그 어떤 것도 해결책이 되지 않는다. 그저 시간을 들여서 마음을 회복하고, 체력을 회복하며 쉬는 것 밖에 할 수 있는 게 없다. 시간을 들이는 게 약이다. 근데 문제는 그 기간이 한 달이 될지, 두 달이 될지 아무도 모른다는 것이다. 그렇기 때문에 번아웃이 되지 않도록 미리 균형을 잡는 게 중요하다. 인풋과 아웃풋의 조화를 이루는 것이다. 채움과 비움으로 균형 잡힌 삶, 오버페이스가 아니라 본인만의 페이스를 유지하는 것, 적절한 휴식과 힐링 포인트를 만드는 것 모두 번아웃을 예방하는 지혜가 된다.

3. 공허함을 다루자

나의 경우 업의 큰 비중을 차지하고 있는 부분이 강의이기 때문에 1인 기업 분야 중에서도 사람들을 만날 기회가 잦은 편이다. 그러나 업의 분야에 따라 그렇지 않은 분들도 많다. 번역이나 편집을 하거나 글을 쓰는 일이 메인 업무일 경우, 진행하는 대부분의 일들을 온라인에서 할 수 있기 때문에(심지어 전화 한 통 하지 않고도 이메일로 모든 업무를 볼 수도 있다!) 사람을 만날 일이 거의 없는 경우도 생각 외로 많다.

직장인에 비해 상대적으로 시간의 자유가 있는 업의 형태라고 해서 너무 많은 사람들을 만나거나 모임에 자주 나가는 것도 에너지를 낭비하는 일이지만, 대부분 1인 기업을 시작하면 조직에 있을 때보다 사람들과 마주치는 관계의 범위가 현저하게 줄어들게 된다. 사실 조직에서 받는 관계적인 스트레스 때문에 1인 기업을 선택한 이들도 적지 않다. 하지만 사람과 아예 단절된 채로는 그 누구도 업을 유지할 수 없다. 1인 기업가는 나에게 영향을 줄 수 있는 그룹이나 팀을 선택할 수 있는 자유가 있다는 것이지 사람과 관계하지 않고 소통하지 않으면서 일을 할 수 있다는 의미가 아니다. 어떤 일을 하든지 결국 사람으로 통하게 되어 있다. 사람과 연결되지 않으면서 할 수 있는 일은 세상에 없다.

타인과의 교류가 상대적으로 적은 분야에 있는 1인 기업가라면 긍정적인 자극을 주는 모임에 정기적으로 참여해 본인의 성장에 도움이 될 수 있는 관계망을 형성하는 것도 좋은 방법이다. 독서모임이나 자기계발모임 등 긍정적이고 진취적인 팀에 들어가 좋은 영향을 주고받고 서로에게 동기부여가 되는 관계를 유지하면 자기발전에 도움이 될 것이다.

시간관리

1인 기업가의 시간관리는 일반인들의 시간관리와는 차원이 달라야 한다. 1인 기업가에게 가장 중요한 시간이라는 자원을 어떻게 관리하느냐에 따라 비즈니스의 성패가 갈리기 때문이다. 일반적으로 생각하는 시간관리가 아니라 질적으로 차원이 다른 시간관리를 해야 한다. 이번 장에서는 필자가 1인 기업을 시작하고, 또 운영하면서 어떻게 사업을 성장시켰는지 시간관리 측면을 다루고자 한다.

1. 우선순위에 집중할 수 있는 환경 만들기

나는 무슨 일이든 먼저 나에게 맞는 도구나 시스템이 무엇인지 알아보고 적극 활용하는 스타일이다. 자료수집을 할 때는 에버노트를, 아이디어의 로직트리를 만들 때에는 만다라트 양식을, 원고 집필을 할 때는 워크플로위를, 강의준비를 할 때는 마인드맵 등 일의 특성에 따라 활용하는 도구나 툴이 정해져 있다.

시간관리도 마찬가지다. 시간관리는 주간 단위를 메인으로 관리하고 있고, 그 안에서 또다시 데일리로 나눠 매일 우선순위를 정해 일의 순서를 정하고 있다. 매일 해야 하는 투두리스트는 그냥 정해진 것이 아니라 연간계획부터 시작된 것으로, 하나의 리듬이 되도록 만든다. 매년 초에 세우는 올해의 연간계획–월간계획–주간계획–일일계획과 같이 하나의 흐름으로 하루의 계획을 세운다. 물론 연간계획은 내 인생의 비전과 사명을 토대로 만들어진 것이다.

이렇게 한 번 계획을 세우면 시간을 관리하기가 매우 편해진다. 어떤 일을 할 때 이미 목표와 기준이 정해져있기 때문에 우왕좌왕하지 않게 되고, 본질에만 집중할 수 있게 된다. 중요한 일이 명확해지면 중요하지 않은 일도 명확해진다. 나의 에너지를 어떤 일에 써야 하는지 명확하게 알기 때문에 에너지를 집중할 수 있고 추진력 있게 일을 처리할 수 있게 된다. 기초를 탄탄하게 세운 덕분이다.

나는 계획을 세울 때 항상 하는 질문이 있다. 바로 '내 인생의 방향과 일치하는가?'라는 질문이다. 이런 질문과 체크를 하는 이유는 중요한 일과 중요하지 않은 일을 구분하기 위해서이다. 우선순위를 정할 때에는 중요도를 분별할 수 있어야한다. 그리고 그 중요도를 알기 위해 삶의 방향을 세워야 하는 것이다. 내 삶의 목적과 일치하는지, 내가 걸어가야 할 방향과 일치하는지, 하루하루 내 삶을 의미 있게 채우고 있는지 질문해봐야 한다.

중요하지 않은 일은 아무리 열심히 해도 중요한 일이 되지 않는다. 내가 오늘 어떤 일을 매우 열심히 한다 할지라도 그 일이 내 삶에 중요한 일이 아니라면 의미가 없는 것이다.

이렇게 오랜 시간 고심해서 세운 삶의 이정표가 있다면 월간계획–주간계획–일일계획은 자연스럽게 하나의 흐름이 된다. 각각의 단위가 따로 움직이는 불협화음이 아니라 삶 자체가 하모니를 이루는 아름다운 연주가 되는 것이다.

이러한 시스템을 만들고 적용하기 위해 나에게 맞는 플래너를 선택했다. 나는 바인더를 사용하고 있는데, 삶의 비전, 사명, 꿈리스트, 연간계획, 월간계획, 주간계획, 일일계획까지 자주 들여다보기 쉽게 분류되어있는 플래너를 사용하고 있어 목표를 달성하고 관리하는데 매우 효과적이다.

목표를 달성하는 방법은 바로 이 원리에 있다. 목표를 시각화해서 자주 들여다보는 것이다. 시각화하기 위한 방법은 내 바인더에 기록을 하는 것이고, 자주 들여다보기 위해 그 목표를 쪼개서 데일리 단위로 만들어 매일 그 목표를 체크하고 확인하고 관리하는 것이다.

1인 기업가는 본인의 업을 스스로 만드는 것처럼 시간 또한 스스로 만들어서 일을 해야 하는 사람이다. 다시 말하면 자기관리가 생명인 직업이라고도 할 수 있다. 본인의 시간관리도 못하면서 비즈니스의 시간관리와 업의 시간관리를 잘 할 수 있는 사람들은 거의 없다.

어떤 일을 하든지 가장 기본은 자기관리이다. 일의 시간관리도 중요하지만 인생의 방향, 목적, 비전을 먼저 설정할 수 있어야 내가 왜 이 일을 하는지도 깨닫게 된다. 자연스레 그 원리는 업의 철학에도 적용된다. 이 업종의 방향, 목적, 비전을 설정할 수 있게 되고, 수많은 업무 중에서 중요도를 설정할 수 있게 된다. 그러면 그 중요도에 따라 시간을 분배해서 오늘 해야 할 일을 하면 되는 것이다.

나는 내 인생의 시간을 관리하는 것처럼 비즈니스의 시간관리도 같은 원리로 적용해서 관리하고 있다. 삶의 시간관리와 크게 다르지 않다. 내가 이 일을 왜 하는지, 어디로 향하고 있는지 방향과 목적을 깨닫게 되면 무엇을 중요하게 여겨야 하는지도 자연스레 알 수 있게 된다.

2. 우선순위 정하는 방법: 긴급하지 않지만 중요한 일 하기

나는 아이젠하워의 시간관리 매트릭스 표를 활용하여 업무의 우선순위를 정한다. 업무 계획을 세울 때는 크게 두 영역으로 나눠서 일을 진행한다. 우선순위에 따른 분류로, 첫 번째는 당장 긴급하고 중요한 영역의 일이고 두 번째는 긴급하지는 않지만 중요한 일이다. 첫 번

	긴급함	긴급하지 않음
중요함	I	II
중요하지 않음	III	IV

[그림 9] 아이젠하워의 시간관리 매트릭스

째 영역은 누구나 하는 영역이지만 진짜 시간관리를 잘 하는 사람들은 두 번째 영역을 관리하는 데에 집중한다. 긴급하지 않다는 이유로 지금 당장 시작하지 않는다면 그 일은 평생 시작할 수 없게 된다. 그리고 시간이 지나다 보면 그 일은 긴급하고 중요한 영역의 일이 되어 내 삶의 우선순위를 엉망진창으로 만들어놓는다.

문제는 여기서 발생한다. 당장 처리해야 하는 긴급하고도 중요한 영역의 일들이 많아지면 당연히 생산성을 낼 수 없게 된다. 모든 일들이 급하고 중요한 일이지만 하루는 24시간으로 제한되어 있기 때문에 우리는 그 일들을 감당할 수 없게 된다. 지금 당장은 얕은 수로 넘어갈 수 있다 해도 사업이 본격적인 궤도에 오르게 되면 당연히 문제가 생긴다.

가령 당장 이번 주에 특강이 잡혀있다면, 특강 준비를 하는 것은 '긴급하고 중요한 일'에 해당되는 일일 것이다. 그러나 글쓰기의 경우

'중요하지만 긴급하지는 않는 일'이기 때문에 당장 눈앞에 보이는 특강 준비에만 전념하는 분들이 많다. 물론 특강 준비도 중요하지만 내가 하는 일이 지속적으로 성장할 수 있으려면 원고 집필은 필수적으로 해야 하는 업무이다. 그래야 계속해서 특강 섭외가 들어오고, 내 브랜드를 지속적으로 세상에 알릴 수 있기 때문이다. 물론 마감일이 있는 것도 아니고, 원고를 쓰지 않는다고 해서 당장 내 비즈니스에 크게 타격을 입는 일은 없다. 하지만 진짜 관리는 이 영역을 잘하느냐 하지 못하느냐에 달려있다고 해도 과언이 아니다.

마감일도 없고, 당장 눈앞에 성과를 가져오는 일이 아닌데도 꾸준하게 지속적으로 잘하는 사람이라면 당연히 마감일이 있는 일들은 기본적으로 잘하지 않겠는가?

당장 눈앞에 놓인 일들만 한다면 평생 일에 끌려다닐 수밖에 없고, 시간에 끌려다닐 수밖에 없다. 반대로 급하지는 않지만 내 목표와 방향에 맞는 중요한 일을 찾아서 조금씩 하는 것, 이것이 시간관리의

	긴급함	긴급하지 않음
중요함	I D업체 현장실사 임원보고 클레임 처리 - - - - - - - - 승진시험 준비 주간업무보고 신규 프로젝트 착수	II 승진시험 준비 주간업무보고 신규 프로젝트 착수

[그림 10] 2영역을 미리미리 해야 하는 이유

핵심 포인트이며 그런 사람들이 일을 리드하고 시간의 주도권을 갖게 된다.

3. 큰일은 작게 쪼개서 데일리로 만든다

나의 경우 두 번째 영역이 '원고 집필'이라고 했는데, 이 자체는 너무 막연하고, 목표가 크다. 단시간에 이룰 수 있는 것도 아니고, 오랫동안 많은 시간을 들여 하는 일이기 때문에 작심삼일이 될 가능성이 크다. 그런데 어떻게 두 번째 영역을 잘 관리할 수 있었을까?

두 번째 영역에 해당하는 일을 거창하게 하려는 것이 아니다. 하루만에 원고 집필을 완성해서 출판을 할 수는 없다. 원고 집필이라는 큰 덩어리를 작게 쪼개고 쪼개서 아무리 바쁜 날에도, 할 수 있게 만드는 것이 중요하다.

20××년 12월 31일 안으로 출간목표를 잡았다면, 상반기와 하반기로 나눠서 상반기는 초고 완성, 하반기는 퇴고 및 출판사 투고, 출판 등으로 큰 덩어리를 나눈 다음 1월에는 주제잡기, 목차잡기, 자료수집하기, 2, 3, 4, 5, 6월에는 초고 작성하기 등으로 다시 월간계획으로 나눈다. 그리고 그 월간계획을 다시 '주' 단위로 쪼개서 이번 달 첫째 주에는 3장 원고 집필, 둘째 주에는 4장 원고 집필, 셋째 주에는 5장 원고 집필, 넷째 주에는 6장 원고 집필과 같은 식으로 주간계획을 만든다.

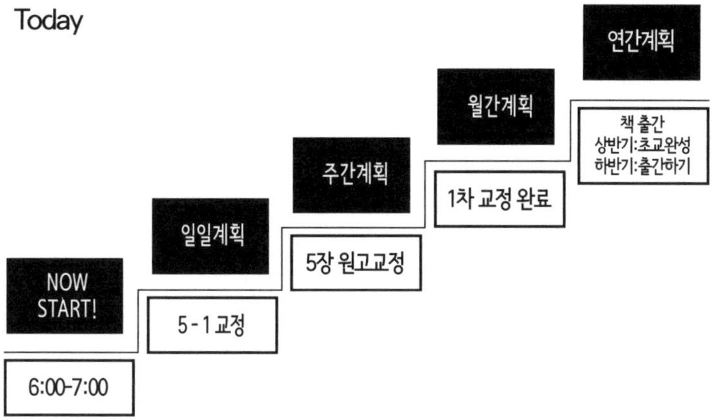

[그림 11] 작게 쪼개서 바로 실행할 수 있는 시스템 만들기

그리고 마지막으로 이번 주는 첫째 주라서 3장을 원고 집필해야 하는데 해야 할 분량을 다시 월, 화, 수, 목, 금, 토, 일로 쪼개서 일일계획으로 만드는 것이다. 오늘이 월요일이라고 한다면 3장 "1인 기업가에게 브랜딩이란?"에서 해당 부분을 작성하면 된다.

나는 이렇게 큰 목표를 작게 쪼개서 당장 오늘 할 수 있도록 만들었다. 더 이상 미루지 않고 바로 행동할 수 있게끔 나만의 시스템을 만든 것이다.

그렇게 만든 목표행동에 습관미션까지 더해지면 어떻게든 매일매일 글을 쓰게 되는 환경은 만들어진다. 나는 개인적으로 매일 3가지씩 항목을 정해서 습관을 만드는 미션을 하고 있는데, 아주 작은 일들을 목표로 하고 있다.

이번 달 내가 하고 있는 미션 3가지는 올해의 성경말씀 2절 필사하기, 매일 1분 스트레칭하기, 원고 한 줄 쓰기이다. 이렇게 작은 일들이 무슨 효과가 있을까 하고 생각하기 쉽지만 나의 목표는 성과가 아니라 성취감을 얻는 것이다.

아주 작은 습관이라도 매일매일 쌓이면 성취감이 생기게 된다. 일단 시작할 수 있는 힘을 얻고, 사람은 아무리 작은 일이라 할지라도 그 일을 달성하게 되면 만족감, 즐거움, 성취감을 느끼게 된다. 이 감정이 매우 중요한데, 기억은 감정을 중요하게 생각하기 때문이다. 이러한 감정들이 차곡차곡 쌓이면, 나중에 비슷한 일을 할 때에 뇌가 긍정적으로 생각하고 도와주라는 명령을 내리게 된다. 아주 작은 일이라도 완료하고 성취감이 쌓이면 다른 도전을 할 때에도 보다 수월하게 시작할 수 있다. 아무리 피곤한 날이라 할지라도 항목 당 1분 정도만 투자하면 되는 일이기 때문에 부담 없이 미션을 완수할 수 있다. '나도 할 수 있다'라는 신념이 생기게 되면서 또 다른 도전, 더 큰 도전도 할 수 있게 된다. 진짜 목표는 이것이다. 작은 성취감이 쌓여 다양한 도전을 할 수 있게 되는 것, 이것이 중요한 것이다.

강원도로 5시간 특강을 다녀온 날이었다, 몸이 천근만근 너무 힘든데 정해진 분량의 원고 집필까지 해야 한다면 집으로 돌아오는 발걸음이 무겁고, 집에 돌아와서도 책상에 앉기가 참 힘들 것이다. 앉아서 1시간 동안 또 글을 써야 하니까 말이다. 그러나 나의 습관미션은 그게 아니라 딱 한 줄만 써도 성공이기 때문에 부담 없이 노트북을 켜고 한 줄을 쓰게 된다.

이 책의 경우에도 같은 원리를 적극 이용해서 완성되었다. 목표는 아주 작지만, 어떻게든 노트북을 켜서 그 '감'을 잃지 않는 것을 최소한의 목표로 하는 것이다. 지속적으로 '원고 집필'을 해야 한다는 의식을 하게 만드는 최소한의 환경, 사실 한 줄 쓰기로 목표를 잡았지만 보통 노트북을 켜서 워크플로위(집필 프로그램)를 실행시키면 앉은 자리에서 기본적으로 1시간은 글을 쓴다. 1시간의 글쓰기, 결과는 같지만 내가 느끼는 부담감은 그 무게가 완전히 다르다. '1줄 쓰기'와 '1시간 쓰기'는 마음의 부담이 현저히 다르다. 목표를 작게 만들어서 부담은 없애고, 습관으로 자리 잡을 수 있게끔 환경을 만들었더니 두 번째 영역에 대한 부담 없이 일을 처리할 수 있게 되었다.

이렇게 큰 목표를 데일리까지 잘게 쪼갠 다음, 데일리 중에서도 자꾸 미루게 되는 영역의 일들은 아주 작은 습관미션으로 만들어 부담없이 시작할 수 있게 하면 훨씬 수월하게 [급하지는 않지만 중요한 일]의 영역을 관리할 수 있다.

4. 데드라인을 설정하라

내가 비즈니스를 하는 분야는 지식분야이기 때문에 아무래도 (예비) 강사, 작가, 프리랜서들을 많이 만나게 된다. 그리고 이쪽 분야에서 일하는 분들은 '강의'를 필수적으로 생각하게 된다. 그 중에서도 '자체 개설 강좌'를 목표로 노력하는 분들을 많이 뵙게 되는데, 내가 늘 하는 이야기가 있다. 바로 빠른 시일 내에 본인의 메인 콘텐츠를 기반으로 강좌를 개설하라는 것이다. 내일 당장 본인의 클래스를 개설하라는 게 아니라 모집공지를 오픈하라는 것이다. 한 달 뒤든 혹은 두 달 뒤든, 일단 공지를 올려서 모집을 시작하는 게 중요하다.'

'저는 아직 준비가 덜 돼서요' '아직 완벽하지 않아서요'라며 계속해서 이 일을 미루는 분들을 많이 봤다. 그런데 계속 이런 마인드라면 죽을 때까지 아무것도 못한다. 이렇게 본인이 스스로 데드라인을 공개하지 않으면 평생 준비만 하다가 끝난다. 사실 준비영역은 끝이 없다. 준비가 덜 된 것도 알고, 완벽하지 않다는 것도 이미 안다. 그럼에도 불구하는 누군가는 시작한다는 것이다. 진짜 게임은 거기서부터 시작된다. 준비가 다 되면, '모집공지를 오픈해야지'라고 생각하는 사람과, '○○월 ○○일 강좌 모집공지!'라고 이미 공지를 세상에 오픈한 사람 가운데 과연 누가 더 속도 있게 준비를 완료할 수 있을까? 당연히 후자이다. 그래서 내가 이 방법을 추천하는 것이다.

같은 준비과정이지만 마인드와 책임감 자체가 다르다. 전자는 '언젠가는 완성하겠지'의 방향으로 가지만, 후자는 이미 날짜가 정해져 있으므로 하루하루 전투적으로 강의를 준비하게 된다. 시간이 갈수록 힘들고, 내가 왜 그랬을까 가끔은 후회도 되겠지만 그 또한 지나간다. 그리고 마침내 첫 강의(자체 개설 강좌)를 하게 된다.

진짜 실력은 그때부터 쌓인다. 어떻게든 강의를 진행해야 하기 때문에, 그리고 이미 날짜가 정해졌기 때문에 초인적인 힘을 발휘하게 된다. 미친 듯이 공부하고, 배우고, 강의자료를 만들고, 자나 깨나 그 생각으로 가득차 있기 때문에 다양한 아이디어들이 본인의 레이더망에 강하게 잡힌다. 밥을 먹어도 강의 생각이 나고, 책을 읽다가도 관련 부분이 보이고, 샤워하다가도 좋은 아이디어가 생각나고, TV를 보다가도 강의 때 넣으면 좋을 사례들이 보인다. 마감 효과는 실로 대단하다. 같은 준비기간이지만 마감기한이 있고 없고의 차이가 이렇게나 크다.

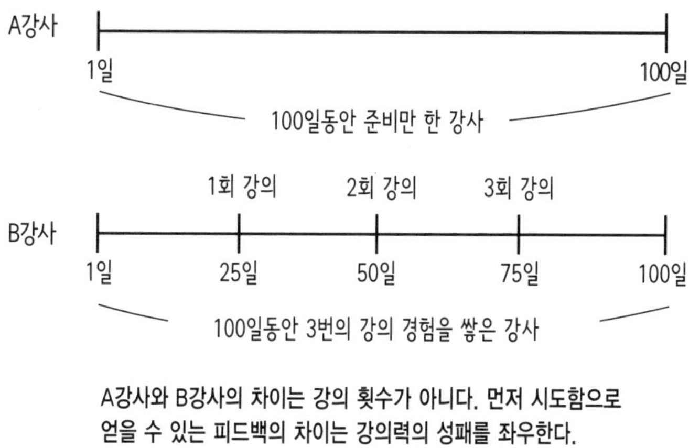

[그림 12] 경험을 쌓아야 하는 이유

100일 동안 준비만 하다가 첫 강의를 시작한 사람과 100일 동안 3번의 강의와 더불어 피드백을 받은 사람의 실력 차이는 어떠할까? 당연히 후자의 실력이 월등히 높을 수 밖에 없다. 경험은 자산이다. 그리고 그 경험으로 인해 얻은 피드백은 데이터가 되어 폭발적인 성장의 기폭제가 된다.

세상에서 가장 어려운 일이 첫 발을 떼는 것이다. '이 발을 떼면 죽

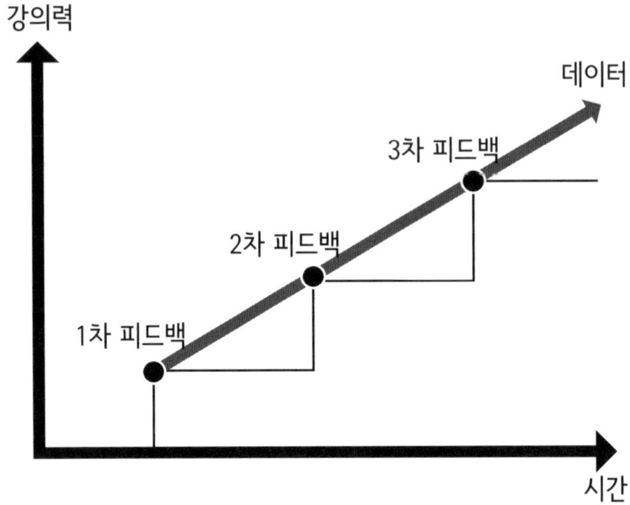

[그림 13] 피드백 횟수에 따른 강의력 향상

지 않을까', '물에 빠지지 않을까', '나는 아직 준비가 되지 않았는데', '잘못하면 어떡하지?'라는 수만 가지의 걱정이 있지만 일단 시작하는 것이 중요하다. 그리고 그 시작을 할 수 있으면 나머지 걸음들도 생각보다 수월하게 뗄 수 있을 것이다. 준비과정의 밀도를 높이고 싶다면 당장 마감부터 정하자!

5. 업무영역별 일괄처리

수십 가지의 영역별 업무들을 수시로 처리하다 보면 혼자 감당하기 어려울 때가 많다. 그럴 때 활용할 수 있는 효율적인 방법은 시간과 주기를 정해놓고 업무를 일괄처리하는 것이다.

나의 경우 외부 출강 의뢰는 이메일로 받고, 자체 개설 코칭 신청은 100% 온라인으로만 받는다. 그리고 기타 문의사항이 있을 때는 카톡으로 상담을 해드린다. 이 업무도 메일이 올 때마다, 혹은 카톡 문의가 올 때마다 수시로 답장을 하는 것이 아니라 하루 중 시간을 정해서 딱 그때만 관련 업무를 한다. 예를 들어 매일 오전 9시부터 10시까지는 이메일 확인 및 답장, 수업 등록안내 및 카톡 상담 답장시간으로 정해서 시간을 보다 효율적으로 쓰고 있다.

이메일이나 카톡은 하루에도 수십 ~ 수백 개씩 시간을 가리지 않고 오기 때문에 그 페이스에 일일이 맞추다보면 당연히 다른 업무를 하나도 처리하지 못하게 된다. 여기에 끌려 다니게 되면 메인 업무는 하지도 못한 채 하루가 끝난다. 뭔가 바쁘게 하루를 보낸 것 같은데, 일의 진전도 없고 성과도 없는 상황이 발생할 수 있다. 메일 답장 및 강연 문의에 대한 상담도 당연히 내가 해야 하는 업무이기는 하지만 내 주 업무가 상담은 아니다. 메인을 위한 보조업무이기 때문에 당연히 메인 업무를 해야 하는데 가장 많은 시간을 들여야 한다. 그렇다고 답장을 일주일이고, 이주일이고 미루는 게 아니기 때문에 하루 1~2회 정도 시간을 정해서 PC업무를 일괄적으로 처리하는 방식으로 일을 하면 시간과 에너지를 효율적으로 사용할 수 있게 된다.

나는 조금 특이하게 일을 하고 있는데, 가급적 전화를 받지 않는다. 이전 직장에서 하루에도 수백 통의 전화를 질리도록 받으며 진짜 본 업무는 야근을 하며 해야 했던 그 시절과는 지금이 당연히 차이가 있어야 한다고 생각하기 때문이다. 내가 하기 싫은 일을 하지 않기 위해 지금의 일을 선택했다. 그리고 감사하게도 내가 하는 업무는 굳이 전화통화를 하지 않아도 되는 일들로 구성되어 있다. 사실 전화는 메시지와 달라서 수시로 벨이 울리고 또 바로바로 받아야 하는, 즉시성이 동반된 업무형태인데, 카톡이나 이메일로 업무를 처리할 수 있게 되면 에너지가 분산되지 않기 때문에 일에 대한 몰입도가 높아진다. 그리고 전화업무를 해보면 90% 이상이 굳이 전화를 하지 않아도 될 일들이다. 강연의뢰도 전화로 받게 되면 하나부터 열까지 다 설명해야 하기 때문에 시간이 낭비되는데, 메일로 강연의뢰를 받게 되면 정해진 양식에 따라 의뢰 메일을 받기 때문에 기본적인 사항은 서로 합의가 된 상태에서 추가적인 사항이나 예외적인 사항만을 이야기하면 된다. 그리고 그 단계 정도가 되면 전화통화로 업무를 본다. 만약 나에게 오는 연락들을 다 전화로 받는다고 생각하면 아마 하루 종일 전화만 받아야 할 것이다. 그런데 그렇게 하지 않고 하루 1시간만 정해놓고 이와 같은 업무들을 처리하면 훨씬 더 시간을 효율적으로 사용할 수 있게 된다.

6. 업무 몰입도 관리

1인 기업가로 일하면서 정말 큰 장점이라고 느꼈던 점이 바로 집중력 관리 부분이다. 회사에 다닐 때는 이 영역을 관리하는 게 불가능했다. 집중력의 효율과는 관계없이 9시에 출근해서 6시에 퇴근하는 사이클을 지켜야하기 때문에 내가 새벽에 집중이 잘되든, 저녁에 집중이 잘되든 상관없이 그 수칙을 지켜야했다. 얼마나 오래 근무를 했느냐(How long)를 보고 직원을 평가하는 상사도 있었다. 근무시간이 길어지면 상식적으로 업무 몰입도가 떨어질 수밖에 없고 당연히 생산성이 낮아진다. 특히 무언가를 기획하고 창의적인 아이디어를 발산해야 하는 영역에서는 오히려 마이너스가 되는 업무 방식이다.

점심식사 이후 2시, 3시가 되면 어김없이 춘곤증이 찾아오는데 그 시간을 참아내면서 버티기도 했다. 내 옆자리 동료의 경우 마우스를 손에 쥔 채 졸았던 적도 많았다. 사실 이럴 경우 20분만 쪽잠을 자도 훨씬 집중도가 높아진다. 당연히 오후업무들이 순조롭게 진행될 수 있다. 하지만 평범한 직장인에게는 20분의 쪽잠도 허용되지 않는다. 이후 1~2시간은 멍하니 졸음을 참느라 애쓰는 시간으로 허비하게 된다.

나는 1인 기업가로 일하면서 이 부분을 내 마음대로 컨트롤 할 수 있다는 것이 정말 좋았다. 일을 하다가 집중이 저하되면, 언제든지 밖에 나가 산책을 하며 뇌에 충분한 산소를 공급해줄 수 있다. 그게 아니라면 내 집 침실에 가서 수면잠옷으로 갈아입고 30분 낮잠을 잘 수도 있다. 업무는 전체적인 데드라인만 정해져있고 나머지는 내 상황에 맞춰서 유연하게 진행하면 되는 업무들이 대부분이기 때문에 컨디션이 좋지 않은데 억지로 앉아서 꾸역꾸역 일을 할 필요가 없어졌다.

특히 한 달에 한 번씩 여자로써 컨디션이 저하되는 주간이 있는데, 이 주간에는 가급적 강의를 잡지 않고, 집에서 충분한 휴식을 취하면서 최소한의 업무들만 처리한다. 회사 다닐 땐 꿈도 못 꿨던 상황이다.

대신에 집중해야 할 때는 온 마음을 다해 집중하며 일한다. 내 이름을 걸고 하는 일이기 때문에 일을 대하는 자세와 책임감이 조직에 있을 때보다 훨씬 높기도 하지만, 이렇게 효율적으로 몰입도를 관리하며 내 상황과 패턴에 맞게 일할 수 있는 환경이기 때문에 업무성과도 당연히 좋을 수밖에 없다.

7. 시간관리 = 휴대폰관리

온갖 디지털기기들에 둘러싸인 시대를 살아가는 현대인들에게 시간관리란 휴대폰 관리일수도 있겠구나 하고 생각한 적이 있었다. 수많은 SNS와 밤낮없이 울리는 알람들, 그리고 그 상황에서 벗어날 수 없는 우리들. 시간관리를 잘하고 싶어도 SNS의 노예와도 같은 우리의 삶에서 벗어나기란 결코 쉽지 않다.

갈수록 자극적인 정보와 영상들이 많아지고 있고, 가만히 앉아서 손가락만 움직이면 모든 것을 접할 수 있는 시대에 스스로 생각할 수 있는 사람들은 점점 더 줄어들고 있다는 생각을 한 적이 있다.

출근시간도 없고 퇴근시간도 없는 1인 기업가의 삶이 이럴 땐 독이 될 수 있다. 다음날 아침에 출근해야 한다는 압박도 없고, 1시간의 제한된 점심시간이 있는 것도 아니기 때문에 밤새도록 유튜브를 봐도 아무도 제재할 사람이 없다. 이게 독이 될 수 있다. 나의 사이클에 맞게 최대한의 업무 환경을 조성했어도 이 무서운 SNS 중독에 빠진다면 모든 것이 수포로 돌아갈 수 있다.

나 역시 마찬가지이다. 인스타 추천영상을 보고 있으면 1~2시간이 훌쩍 지나가고, 유튜브 영상도 밥 먹으면서 잠깐 틀어놨는데 오후 내내 맞춤 영상들까지 보며 넋이 나가있는 나를 발견한 적이 한두 번이 아니다.

그래서 몇 가지 방책을 마련했다. 이 역시 시행착오를 겪으며 만들게 된 방법이다. 첫 번째 방법은 핸드폰을 다른 공간에 두고 충전하는 것이다. 몰입해서 일을 할 때에는 휴대폰을 보지 않는 것이 가장 이상적이다. 집중해서 콘텐츠를 기획하고 아이디어를 발산해야 하는데 주의가 분산되면 다시 깊이 있는 사고의 단계까지 가는데 오랜 시간이 걸리기 때문이다. 보통 1시간에서 1시간 30분 단위를 기준으로 일을 하고, 잠깐 휴식을 취한 다음 다시 1시간 30분 일을 한다. 나는 이때 1시간 30분 동안은 휴대폰을 보지 않고, 쉬는 시간에 휴대폰을 확인하는 루틴을 만들었다. 여기서 휴대폰을 보지 않기 위해 내가 선택한 방법은 바로 공간을 분리하는 것이다. 내가 일하는 서재에 휴대폰을 두면 아무래도 자꾸 눈길이 가고, 신경이 쓰이기 때문에 아예 신경을 쓸 필요가 없게끔 만들자는 게 나의 목표였다.

나의 경우 집에서 일할 땐 서재에서 일하고, 내 휴대폰은 안방에 두고 충전을 한다. 사무실에서 일할 땐 서랍에 넣어둔다. 내 시야에서만 사라지면 되기 때문이다. 그리고 쉬는 시간에만 잠깐 가서 급한 메시지만 확인하는 식으로 휴대폰 관리를 했는데 생각보다 효과적이었다. 일단 눈앞에서 휴대폰이 사라지니 신경을 쓰지 않게 된다. 내 손안에 휴대폰이 있고, 항상 내 옆에 있기 때문에 무의식적으로 눈길이 가고, 손이 가는 것이었다. 이유 없이 인스타 피드, 페이스북 업데이트를 수시로 누르며 허비했던 수많은 시간들이 이렇게 간단한 공간 분리법으로 되살아 날 수 있다.

두 번째는 비행기 모드로 설정하는 것이다. 첫 번째 방법은 집에서 일을 할 경우에 가능한 일이고, 사실 사무실이나 작은 오피스에서는 이렇게 하기 쉽지 않을 것이다. 그럴 때에는 휴대폰을 비행기 모드로 설정한다. 우리가 여행을 가거나 출장을 갈 때, 장거리 비행에서는 휴대폰을 사용하지 않고서도 잘 지낸다. 심지어 14시간이 넘는 시간도 말이다. 그런데 왜 일상에서는 그렇게 하지 못하는 것일까?

결국 의식의 문제이다. 14시간이나 SNS 디톡스를 하자는 게 아니다. 업무에 몰입해야 하는 60분에서 90분 동안만 휴대폰을 신경 쓰지 않고 일에 집중하자는 것이다. 카페에서 일하거나 사무실에서 일할 때 나는 종종 휴대폰을 비행기 모드로 전환한다. 어떤 메시지나 알람, 전화도 울리지 않는 고요한 상태가 된다. 그리고 휴대폰을 뒤집어 놓는다. 소리, 화면, 휴대폰에서 그 어떠한 자극도 낼 수 없게끔 내가 환경을 세팅하는 것이다. 이렇게 휴대폰의 자극을 줄이는 것으로부터 집중력을 확보할 수 있다.

세 번째는 시간을 정해놓고 SNS를 하는 것이다. 위의 비행기 모드와도 연결되는 부분이다. 업무에 몰입하는 시간을 정해 휴대폰을 금지하는 시간을 정했다면, 반대의 경우도 마련해야 한다. SNS를 하는 시간도 정해놓는 것이다. 오히려 그렇게 하면 마음이 편하다. 오늘은 8시간 업무하고, 저녁에 1시간 SNS 해야지! 휴대폰 해야지! 이런 식으로 판의 주도권을 내가 잡는 것이다. SNS를 하며 시간을 허비하는 그 순간에도 사실 마음은 편치 않다. 무의식적으로 죄책감을 느끼는 것이다. '이러면 안 되는데', '얼른 일해야 하는데', '공부해야 하는데' 하면서도 그냥 계속 피드를 업데이트 한다면 제대로 노는 것도 아니고, 그렇다고 일하는 것도 아닌 애매모호한 상황이 발생하는 것이다. 차라리 휴대폰을 하는 시간을 정해두자. 3시에서 4시까지는 SNS 하는 시간! 이런 식으로 하루 계획에 SNS 하는 시간을 따로 넣어두면 그때까지 어떻게든 참게 된다. 그리고 시간이 딱 정해져있기 때문에 오히려 쓸데없는 일은 하지 않고, SNS로 유익한 정보를 찾고 나에게 꼭 필요한 정보만을 취득하게 된다. 이왕 하는 것 편한 마음으로 할 수 있도록 환경을 세팅하자.

체력관리

체력관리가 왜 중요할까? 좋아하는 일을 오랫동안 하기 위해서 필수적인 관리 영역이기 때문이다. 모든 분야가 마찬가지다. 잘 하는 사람들도 많고, 열심히 하는 사람들도 많다. 그러나 결국 마지막은 '이 일을 얼마나 지속할 수 있는가'에서 성패가 결정된다. 아무리 사업이 잘되고 돈을 많이 벌어도 건강의 문제로 오래 지속할 수 없다면 1인 기업가로서 아무 의미가 없다. 이 부분은 1인 기업뿐만 아니라 모든 업의 형태에 적용되는 부분이다. 나에게 맞는 일을 찾았다면, 그 다음엔 그 일을 지속하기 위한 나만의 건강관리 방법을 찾아야 한다.

1. 나에게 맞는 건강관리법 찾기

나의 경우 크게 세 가지 영역으로 업무에 대한 체력소모를 분류할 수 있다. 첫 번째는 앉아서 하는 업무이고, 두 번째는 서서 하는 업무이다. 세 번째는 이동하면서 소모되는 에너지의 영역이다(이 영역도 꼭 포함시켜야할 체력 영역 중에 하나이다.) 그리고 업무영역별 체력소모 정도를 10으로 본다면 4:4:2로 비율을 나눌 수 있다. 앉아서 하는 일이 4, 서서 하는 일이 4, 이동하는 일이 2 정도의 비율이다. 물론 이 비율은 시간과 강도를 기준으로 체력소모 정도를 분류한 것이다.

첫 번째는 앉아서 하는 업무이다. 보통 콘텐츠를 만드는 단계는 대부분 앉아서 작업을 한다. 책을 읽고, 신문을 읽고, 자료를 수집하고, 모니터 앞에서 작업을 하는 모든 단계에 해당된다. 체력소모가 크지는 않지만 일을 하는 시간 중 가장 많은 시간을 할애하는 영역이다.

가만히 앉아서 일을 하면 체력소모가 적다고 생각할 수도 있지만 장시간 책을 보고, 서류를 보고, 모니터를 보는 행위가 쉽지만은 않다. 너무 오래 앉아있어서 허리디스크 수술을 하는 분도 계셨고, 특히 나처럼 지식분야에서 일을 하는 분들은 보통 사람들보다 훨씬 많은 책을 보게 되는데 자세가 좋지 않을 경우 목에도 무리가 가게 된다. 좋지 않은 자세로 하루에 5~6시간씩 책을 보면 당연히 목에 무리가 갈 수밖에 없고, 허리 또한 영향을 받게 된다.

그래서 나는 자세관리에 특히나 신경을 쓴다. PC작업을 할 때는 가급적 시선의 각도에 맞게 모니터 높이를 조절하고, 책을 볼 때는 높낮이와 각도가 조절되는 보조책상과 독서대를 이용해서 책을 읽는다. 이는 거북목을 예방할 수 있을 뿐만 아니라 목디스크와 허리디스크까지 예방할 수 있는 방법이다. 그리고 마지막으로 신경 쓰는 부분은 모니터 사용 시 안경을 착용하는 것이다. 업무 특성상 모니터 앞에 앉아있는 시간이 긴 편인데, 시력보호 및 블루라이트 차단을 위해 안경을 사용하고 있다. 학계마다 의견이 분분하지만 일단 내가 사용해 본 결과 확실히 눈의 피로가 많이 줄었다. 그래서 스마트폰을 사용할 때와 모니터 앞에서 작업을 할 때는 필수적으로 안경을 챙긴다. 최소한의 시력보호를 위한 나의 방법이다.

두 번째는 서서 하는 업무이다. 시간은 짧지만 소모되는 체력의 강도가 높은 영역이다. 짧은 시간 안에 강력한 동기부여와 에너지를 전달해야 하기 때문에 많은 에너지를 필요로 하는 부분이다. 강의를 할 때 나는 대부분 서서 진행을 한다. 짧게는 2시간, 길게는 6시간 풀강의를 할 때도 많은데 쉬지 않고 서서 강의를 하며 말을 한다는 건 굉장한 체력을 필요로 하는 일이다. 튼튼한 두 다리와 안정적인 목소리가 뒷받침되어야 가능한 일이다.

기초체력도 필요하지만, 많은 에너지를 소모하는 일이기에 강의 전에는 충분히 에너지를 보충하며 강의를 준비한다. 평소에는 가벼운 산책을 자주하는데 이뿐만 아니라 계단 오르기도 꾸준히 하고 있다. 오랜 시간 동안 서서 강의를 하려면 하체 힘이 특히 중요하기 때문에 다리 근육이 발달되는 생활운동인 산책과 계단운동을 즐겨하는 것이다.

우리 집은 20층인데 나는 매일같이 20층을 걸어 올라온다(내려갈 때는 무조건 엘리베이터를 이용한다.) 계단 오르기는 등산과도 같은 효과가 있다고 한다. 계단 운동은 대표적인 유산소운동으로서 심폐지구력도 향상되는 좋은 방법이기 때문에 피로감을 쉽게 느끼는 분들도 도전하면 좋은 운동이다. 많은 시간을 내지 않아도 생활 속에서 할 수 있는 운동이고, 매일같이 할 수 있는 운동이기에 나는 이러한 생활 속 운동을 즐겨한다. 누구든지 집밖으로 나가기만 하는 사람은 없을 것이다. 하루일과를 마치면 우리는 집으로 돌아온다. 나는 이 원리를 활용했다. 직장, 학교, 병원, 마트 등 어디든지 나갔다가도 반드시 집으로 돌아오는데 이 때 계단을 이용하는 것이다. 이것은 그 누구도 핑계 댈 수 없는 환경이기 때문에 이 원리를 이용한 것이다. 커피를 사러 나갔다 돌아오는 길에, 분리수거를 하러 나갔다 돌아오는 길에, 산책을 하러 나갔다 돌아오는 길에, 이렇게 일상 속에서도 수많은 기회들이 있기 때문에 '운동하러 가기 귀찮다'라는 핑계를 절대 댈 수 없기 때문에 어떻게든 하게 된다. 밖에서 할 일 다 했는데 귀찮아서 집에 못가겠다고 생각하는 사람은 없을 테니 말이다.

더불어 최소한의 목 관리도 하고 있는데, 친동생이 보컬 트레이너라서 도움을 많이 받았다. 발성이나 호흡에 대한 레슨도 받고, 성대와 목을 어떻게 써야 하는지에 대한 수업도 받았다. 특히 6시간 연속해서 강의를 해야 하는 경우에는 미지근한 물을 강의 중간중간에 마셔주고, 강의 전에는 절대 카페인을 섭취하지 않는다. 그리고 강의 전 식사는 맵고 짠 음식은 가급적 피하며 성대를 보호한다. 평소에는 목에 좋은 도라지차와 생강차를 자주 마시고, 사무실에서 혼자 일할 때에는 목에 항상 손수건을 둘러 목을 보호해준다. 성대를 미리 보호하지 않으면 장시간 강의를 하며 말을 하는 동안 내 목도 혹사당하고, 듣는 이들도 힘든 시간이 된다.

1인 기업 초반에는 잘 느끼지 못하는 부분이지만, 평생 강의를 하겠다고 마음을 먹었다면 목 관리는 필수다. 목소리가 나오지 않는데 어떻게 강의를 할 수 있을까? 지금 괜찮다고 방심하지 말고 목 관리 및 성대 관리도 미리미리 신경 쓰자. 마지막으로는 강연장 온도를 내가 조절할 수 있다면 강연 시작 이후에는 가급적 히터를 끄는 편이다. 특히 자체 개설 강좌는 소그룹으로 개설되는 경우가 많은데 작은 강연장에서 진행되기 때문에 히터 바람이 강의를 하는 내 위치와 가깝다면 바로 목이 갈라져버릴 수도 있기 때문에 이런 부분까지도 세심하게 관리를 하고 있다.

이렇게 앉아서 하는 업무 형태의 건강관리법과 서서하는 업무 형태의 건강관리법을 알아보았고, 세 번째는 이동하면서 체력이 소모되는 업무 형태이다. 빈도수가 많지는 않지만 장거리를 이동하는 동안 소모되는 체력도 엄청나다. 특히 나는 체질적으로 멀미를 심하게 하는 편이고, 차를 잘 못타는 성향이기 때문에 이동하는 동안 소모되는 체력이 남들보다 훨씬 많다. 이동하는데 뭐 얼마나 체력이 소모되느냐 할 수도 있지만, 2시간 강의를 하러 갈 때, 본 업무인 강의는 2시간일지 몰라도 오고가는 시간을 총 계산해보니 평균적으로 6시간 정도가 소요되었다.

같은 체력과 에너지를 가지고 강의를 한다면 당연히 장거리보다는 단거리 교육을 선호하게 되는데, 6시간 동안 소요되는 에너지와 체력을 비축해서 본업무인 강의에 투자하는 게 훨씬 업무효과가 높기 때문이다. 그래서 나는 특강 의뢰가 들어오더라도 가급적 체력을 아낄 수 있는 지역에 위치한 기관을 선호하고, 에너지를 비축해서 더 좋은 강의를 할 수 있는 곳을 고른다. 선택과 집중을 하는 것이다.

이렇게 체력관리는 본인의 신체 특성에 대해 잘 알고, 본인의 업무 특성에 대해 잘 알 때 그 효율성을 극대화시킬 수 있다. 나도 이렇게 나만의 루틴을 만들기까지 적지 않은 시간이 걸렸다. 따라서 이 부분은 꼭 체크해보고 자신에게 맞는 기준을 세워서 오랫동안 좋아하는 일을 할 수 있도록 지속적으로 점검하고 관리하자.

이번 장에서는 체력뿐만 아니라 기본적인 신체관리에 관한 부분들도 함께 다뤘는데, 이 영역은 미리, 평소에 관리해야 하는 부분이다. 진짜 중요한 일을 앞두고 건강 때문에 좋은 기회를 놓치게 되는 일이 없도록 미리미리 조금씩 관리해야 하는 영역이다. 결국 기본이 중요하다. 잘 먹고, 잘 자고, 잘 쉬면서 좋아하는 일을 지속할 수 있도록 기본적인 영역을 잘 다스릴 수 있는 역량이 필요하다.

수익관리

1. 사업가 마인드 갖기

좋아하는 일을 업으로 만들고 싶어 하는 분들 중 일부는 이미 좋아하는 일을 취미로 하고 있는 분들이 많다. 물론 무료로 말이다. 예를 들어, 독서가 취미인 분은 독서모임을 운영하고 있는 분들이 많다. 또한 그에 못지않게 많은 분들이 글쓰기 모임을 운영하며 본인이 좋아하는 일을 취미로 발전시켜 다양한 사람들과 함께하는 과정을 즐긴다. 그 과정이 수고스럽고, 가끔은 힘들다 할지라도 본인이 좋아하는 일이라 무보수로 진행되어도 전혀 개의치 않아 한다.

그러나 비즈니스는 이런 모임과는 차원이 다르다. 내가 좋아하는 일을 취미가 아니라 평생의 "업"으로 삼고 싶다면 마인드 자체부터 다르게 해야 한다. 이 일은 단순히 취미가 아니다. 즐기면서 대충 할 수 있는 일이 아니다. 회사에서도 일을 제대로 하지 못하면 쫓겨나는 것처럼 이곳도 전투적으로 일해서 생산해야 하는 생존의 현장이다.

"1인 기업가 강좌"를 개설해서 강의를 하다 보면 본인이 좋아하는 일을 업으로 만들고 싶어 하는 많은 분들을 만난다. 그리고 수강생은 다시 50:50으로 나뉜다. 본인이 좋아하는 일이 무엇인지 아는 사람과 아직 알지 못해 찾고 있는 사람. 사실 대부분의 직장인들은 본인이 좋아하는 일이 무엇인지 아직 모르는 경우가 많은데, 내 수업의 경우 강사, 작가, 모임 리더들도 많이 수강을 하기 때문에 이미 본인의 취미를 바탕으로 업을 시작하려는 분들이 많다. 물론 내가 좋아하는 일이 무엇인지 알지 못하면 자아탐색부터 시작해야 하기 때문에 같은 사업을 시작하더라도 시간이 더 필요한 것이 사실이다. 후자의 경우, 내가 좋아하는 일이 무엇인지 이미 알고 있고, 그것을 바탕으로 다양한 모임을 리드하고 있거나 이미 그 분야에서 활동을 하고 있기 때문에 비즈니스화 하는 것이 더 쉽다고 느낄 수도 있다. 그러나 의외의 부분에서 복병이 생긴다.

이미 내가 그 분야에서 모임을 만들어 리드를 하고 있는 사람이라면 그 문화에 이미 익숙해진 케이스가 많다. 그리고 그 익숙함은 시간이 지날수록 고착된다. 리더와 참여자 모두 그것이 당연하다고 생각하기까지 그리 시간이 오래 걸리지 않는다.

무료로 독서모임을 운영하다가 갑자기 유료로 독서모임을 전환하게 되면 어떻게 될까? 기존의 참여자들의 반응이 어떻게 될까? 기존에는 무료로 누릴 수 있던 것들이 갑자기 유료가 되어 비용이 발생하게 된다면 그 모임을 떠나는 사람도 분명 있을 것이다. 이것은 비즈니스모델로 만들기 위한 하나의 성장통이다. 그러나 이러한 과정 속에서 참여자들만 성장통을 겪을까? 그냥 리더가 하루아침에 우리 모임이 유료로 전환되었다고 공지하면 끝일까? 절대 그렇지 않다.

비즈니스모델을 구상하고 있다면, 그리고 내가 이끌고 있는 모임이 있었다면 리더 자신부터 바뀌어야 한다. 평소에는 독서모임에서 잡담도 하고, 가끔은 책에 관련된 이야기가 아니라도 서로 만나서 수다 떨고, 스트레스 풀면서 종종 친목도모의 성격을 지녔었다면, 이제는 그 마인드부터 바꿔야 한다. 무료모임을 유료모임으로 전환한다면 회원은 고객이 된다. 평소에 친했던 사람들이라 해도 내 지갑에서 돈이 나간다고 하면 얼굴색이 바뀐다. 그리고 어느 누가 잡담하는 모임에 참여하면서 비용을 지불하겠는가?

이전에는 단순한 모임의 성격이 짙었기 때문에 친목의 성격이 독서토론의 성격보다 강했어도 사실 그리 큰 문제는 없다. 그러나 비용이 발생하게 되면 고객들은 본인이 지불한 가격보다 더 많은 것을 얻기를 바란다. 이게 인간의 기본 심리다. 그런데 여전히 이전과 같은 서비스만을 제공하고 있다면 비즈니스 관리를 제대로 못하고 있는 것이다.

독서모임을 운영하는 분들 중에 "우리는 너무 친해서 항상 시간이 모자라요. "이야기하다 보면 맨날 산으로 가요." "그동안 쌓였던 스트레스 여기 와서 다 풀어요."라는 리더의 말을 들은 적이 있다. 물론 독서모임을 통해 힐링하고, 공감하고, 대화하며 스트레스를 푸는 것 또한 독서토론 독서가들에게 주는 유익함일 것이다. 그러나 돈을 내고 온 사람들은 돈 내고 잡담을 하러 온 꼴이 될 것이다. '더 높은 수준의 독서토론을 원해서 유료모임을 찾아 이곳에 왔는데, 잡담만 하더라'는 꼬리표가 붙게 된다.

사실 위의 이야기들은 독서모임 리더의 자질과도 관련이 있다. 실제로 독서모임에서 얻을 게 없어서 참여를 그만둔 지인들도 꽤 있다. 독서모임 리더는 모임을 리드하는 동시에 중재자 역할을 해야 한다. 토론 주제를 결정해서, 회원들이 서로 본인의 생각을 이야기할 수 있도록 분위기를 만드는 사람이다. 토론의 방향이 너무 한쪽으로 흘러가지는 않는지 분위기를 수시로 체크해야 하고, 너무 한 사람만 계속 말하지는 않는지 체크하며 회원 모두에게 발언권이 골고루 돌아갈 수 있도록 체크하고 중재하면서, 토론을 이끌어가야 하는 입장이다.

말 그대로 책을 읽고 책에 대한 이야기를 나누고 싶어서 시간을 쪼개 자발적으로 참여한 분들의 모임이다. 개인적인 이야기나 잡담은 독서모임 이후에 따로 티타임이나 식사시간에 하는 것이 맞다. 퇴근 후 피곤한 몸을 이끌고 독서모임에 왔는데, 얻은 것은 하나도 없고, 실컷 잡담만 듣고 돌아간다면 무언가 유익을 기대하고 온 회원에게 시간을 뺏은 꼴이 된다. 비용도 비용이지만 시간이 아깝다는 생각이 들기 시작하면 고객관리는 끝이다. 어떤 모임이든 그 모임의 본질적인 존재 이유를 생각하면 어떻게 운영해야 할지 방법이 보일 것이다.

내가 처음 모임을 개설하든, 기존 모임을 비즈니스화 해서 유료로 전환하든 일단 고객(독자, 회원)의 니즈를 채워주는 것이 우선이다. 왜 유료로 전환되었는지 일일이 말하지 않아도 회원들이 수긍할 수 있게 하는 것이 가장 좋다. 하지만 그게 어렵다면 적어도 앞으로 이 모임이 어떻게 운영될 것인지, 리더는 어떤 준비를 하고, 어떤 일을 하게 되는지 본인의 역할을 설명해주는 것이 좋다.

예를 들어 주기적으로 작가를 초청해서 독자와의 시간을 마련한다든지, 독서토론뿐만 아니라 다채로운 프로그램을 준비하는 등의 기획자 역할을 하는 것이다. 당연히 비용이 발생할 수밖에 없는 부분이고 누구나 납득할 수 있다. 그리고 모임을 운영하는 리더 본인도 더 많이 배우러 다니고, 더 많이 연구해야 한다. 기획자는 끊임없이 배우며 공부해야 하는 역할이기 때문이다.

'독서모임'에 대한 사례를 들었지만 어떤 분야든 본질은 같다. 내가 좋아하는 것을 업으로 삼고 싶다면, 내 마인드부터 바꿔야 한다. 가볍게 시작했더라도 이제는 나의 업이고, 비즈니스다. 누가 회사 일을 가볍게 할까? 업에 대한 내 자세부터 변화시키자. 업에 대한 나의 태도가 분명하고, 고객의 원츠와 니즈를 채워주는 일이라면 당연히 성장한다. 어떤 일을 하든 본질에 집중하고, 고객의 입장을 생각해서 그들의 니즈와 원츠를 만족시키는 것, 그것이 사업을 하는 사람의 기본적인 마인드이다.

2. 1인 기업가, 재정관리는 어떻게 해야 할까?

① 개인비용과 사업비용 철저하기 구분하기

이 부분은 1인 기업을 시작하는 분들이 의외로 신경 쓰지 않아 시간이 지나면서 관리가 어려워지는 영역이기도 하다. 아직 정기적인 수익이 들어오지 않고, 사업자카드를 발급하기에 이르다고 생각해서 어느 정도 수익이 발생하면 만들어야지 하다가 놓치는 경우가 많다. 이 부분은 미리미리 챙기는 것이 좋다. 아직 사업자등록 전이라면 본인이 사용하는 카드중 하나를 빼서 완전히 사업용으로만 사용하는 것도 좋은 방법이다. 한 달 동안 본인이 지출한 비용을 체크해볼 때 내역이 여러 카드로 분산되어 있으면 결산하기 힘들어진다. 사업 초기에는 수익이 없어도 지출은 발생하기 때문에 이 부분은 처음부터 체크해두고 관리하면 비용처리에도 수월하고, 추후 세금납부 시에도 간편하게 일을 처리할 수 있을 것이다.

② 비용관리 철저히 하기 (장부쓰기)

처음부터 예산을 세워서 운영하기는 힘들 것이다. 이럴 때는 예산계획서보다도 본인의 지출현황을 관리하는 것이 좋다. 시간이 지나면 본인이 작성한 지출보고서를 바탕으로 다음 연도 예산의 골격을 세워볼 수도 있다. 처음부터 너무 완벽하게 예·결산을 관리하기보다 최소 6개월 정도는 본인 사업의 수익과 지출되는 비용의 흐름을 파악해 보는 것이 좋다. 생각보다 큰돈이 필요할 때는 언제인지, 세금은 언제 납부해야 하는지, 내 사업의 성수기와 비수기는 언제인지, 그때를 대비하기 위해 마련해야 하는 최소비용은 얼마인지. 사업을 유지하기 위한 월 최소비용은 얼마인지, 각종 기기 장비 등은 언제, 어떻게 구입해야 비용절감 및 절세를 할 수 있는지에 대한 큰 흐름을 파악하기 좋은 시점이다.

또한 사업 초기에 정기적인 수익이 없을 때부터 장부 쓰는 습관을 기르는 것이 좋다. 시간이 많이 지나면 기억하기도 힘들뿐더러 각종 세금을 납부해야 하는 시기에 힘들어질 수 있다. 수익관리는 본인의 수익과 지출을 명확히 파악하는 것에서부터 시작한다. 나는 월단위로 관리하고 있고, 엑셀에 지출항목 및 수익항목을 기재해서 매월 결산을 한다. 이렇게만 관리를 해도 1월 부가가치세 납부기간과 5월 종합소득세 납부기간이 훨씬 편해진다.

③ 본격적인 사업시작! 행정업무는 무엇부터 해야 할까?

- 사업자카드

사업을 본격적으로 시작하게 되면 직접 챙겨야 할 것들이 셀 수 없이 많아진다. 그 전에 미리 해두면 좋은 것이 바로 이런 부분이다. 사업자카드를 미리 만들어서 홈텍스에 등록해놓으면 내가 지출한 내역들이 자동으로 등록이 된다. 이 부분은 추후 세금납부를 할 때 편하게 진행할 수 있고, 본인의 사업을 관리하기에도 좋다. 물론 사업자카드(일명 법카)를 발급받지 않고도 본인이 사업용으로 사용하고 있는 개인카드를 등록해도 무방하다.

그러나 본격적으로 사업이 시작되고, 고객과의 거래가 이루어지고 있는 시점이라면 사업자카드를 발급받을 것을 권한다. 고객 입장에서도 그냥 개인인 [서지은] 명의로 거래하는 것보다 [가치성장연구소]로 거래하는 것이 훨씬 신뢰가 가고 대외적으로도 공신력이 생긴다.

사업자카드는 내가 거래하고 싶은 은행에서 발급받을 수 있다. 일단 기업전용 카드가 발급되기까지 일정기간이 소요되고(3일~5일) 카드를 신청하러 갈 때 준비해야 할 서류가 있으니 미리 문의하고 방문할 것을 권한다. 내가 발급받았을 때는 사업자등록증, 임대차 계약서, 신분증이 필요했었다.

그러니 당연히 사업자카드를 발급받기 위해서는 사업자등록을 해야 한다. 카드뿐만 아니라 사업자등록 자체를 자꾸 미루는 분들이 많은데, 이 부분은 네이밍에 대한 고민이 끝나면 바로 등록하는 것이 좋다.

• 사업자등록

본인의 PC에 공인인증서가 등록되어 있다면 인터넷으로도 쉽게 할 수 있다. 사업자등록의 경우 국세청 홈텍스 홈페이지에 들어가 온라인으로 신청을 하면 된다. 상호명, 주소, 업종코드 등을 미리 생각했다면 보다 수월하게 신청을 할 수 있다. 온라인으로 신청하는 것이 어렵게 느껴지는 분들은 신분증을 가지고 세무서에 방문해서 신청할 수도 있다.

사업자등록을 할 때 가장 먼저 생각해야 할 것은 사업자 유형이다. 법인사업자와 개인사업자의 장단점을 파악한 후 결정하면 된다. 개인사업자 내에서도 일반과세자와 간이과세자로 나눌 수 있는데, 이 기준은 연간 매출액이 기준이 되어 분류된다. 대부분 처음 시작할 때는 연매출이 높지 않으므로 간이과세에 해당할 확률이 높다.

사업장 주소를 기재하는 부분에는 본인의 사무실이 있다면 사무실 주소를 기재하면 되고, 없을 경우 집 주소로 작성해도 무방하다. 주소는 추후에도 변경이 가능하다.

이후 업종에서 주업태, 주종목, 주업종 코드를 기재하는 부분이 있는데, 국세청 홈텍스 홈페이지에서 확인할 수 있고, 잘 모르는 부분은 관할 세무서에 전화로 문의해서 상담 후 결정하면 된다.

세무서에 방문해서 신청할 경우, 특이점이 없으면 거의 바로 사업자등록증 발급이 가능하고, 인터넷으로 발급을 신청했다면 약 3일 정도의 승인기간 이후 발급이 가능하다.

TIPS

홈텍스 활용하기

·내가 진행했던 순서

상호명 확정–사업자 등록증 발급–구매안전서비스 이용확인증 발급–통신판매업 신고 그러고 나서 통신판매업 신고를 했다. 이 부분은 네이버 블로그에서 직접적인 상거래가 이루어질 경우 의무적으로 신고해야 하는 부분이다. (예외적인 부분도 있으니 반드시 확인해보자.) 강의든, 제품 판매든, 무엇이든 간에 금전적인 거래가 이루어지는 모든 블로그에 필수적으로 정보를 공개해야 하는 부분이다. 기본적으로 사업자등록증과 구매안전서비스 이용확인증(에스크로 안전거래 확인증)이 필요하다.

구매안전서비스 이용확인증을 발급받기 위해서는 에스크로 가입을 먼저 해야 하는데, 발급 가능한 기관인 국민은행, 농협, 기업은행 3곳 중 선택할 수 있다. 해당은행에 사업자등록증과 신분증, 임대차 계약서를 준비해서 방문하면 발급받을 수 있다.

통신판매업 신고는 관할구청에 직접 방문해서 신고할 수도 있고, 민원24 홈페이지에 접속해서 기본 항목을 기재한 후 온라인으로 신청할 수 있다. 방문신청의 경우 신분증, 사업자등록증, 구매안전서비스 이용 확인증을 준비해서 관할구청에 방문하면 된다. 온라인으로 신청할 경우 기본적으로 작성해야 할 부분에 상호, 사업자등록번호, 사업장 소재지, 인터넷 도메인 이름 및 호스트 서버 소재지 칸이 있으므로 사업자등록 이후, 본인의 블로그 주소(호스트 서버 소재지)를 파악한 후 신청하면 된다. 여기까지 완료했다면 민원신청 후 발급안내 메시지가 도착하면 관할구청으로 가서 증명서를 받아오면 된다.

참고로 상호명을 정할 때에는 미리 검색해보고 같은 상호명이 있는지 미리 확인하는 게 좋다. 동일한 상호명이 있다면 고객들이 한 번에 내 사업장을 검색하기 힘들뿐더러 상대적으로도 브랜딩에 더 많은 에너지를 쏟아야 하기 때문에 이 부분은 미리 준비하면 좋다(이 내용은 이 책의 집필시기인 2019년을 기준으로 작성한 것이며, 언제든지 변경될 수 있는 부분이기에 항목별 담당자에게 문의 후 진행하길 바란다.)

④ 1인 기업가의 세무관리는 어떻게 해야 하는가?

이 부분은 아주 간단하게 진행하고 있다. 바로 전문가에게 위임을 하는 것이다. 세무는 전문가에게 맡기는 게 가장 편하다. 물론 내가 직접 할 수도 있지만, 일일이 내가 공부하고, 배우면서 하는 시간보다 내 콘텐츠에 집중하고, 내 메인 업무를 진행하는 것이 훨씬 효과적이고 효율적이라는 것을 깨닫게 된 이후부터는 세무는 전문가에게 의뢰한다. 실제로 의뢰비용도 얼마 들지 않는다. 2019년 1월에 진행했던 부가세 기장대리 비용은 간이과세자 기준 5만 원이었다. 나는 그 5만 원을 지불하고, 세무에 대한 각종 스트레스에서 벗어났을 뿐만 아니라 세무 관련 부분에서 궁금한 점들이 생겼을 때 안심하고 문의할 수 있는 루트를 확보하게 된 셈이다(물론 컨설팅이나 기장대리는 또 다른 영역이다.)

물론 이 부분은 딱 세무, 그러니까 세금관리에 관한 부분이며 예산결산관리는 본인이 스스로 해야 하는 것을 의미한다. 세무관리와 본인의 예결산 관리를 혼동해서는 안 된다. 부가세 기장대리를 의뢰할 때에도 전년도 매출(현금영수증, 세금계산서 등)을 정리해서 파일로 보내줘야 하고, 내가 지출한 금액, 즉 비용처리가 되는 부분들도 정리해서 보내줘야 한다(이때, 사업자카드가 홈텍스에 기재되어 있다면 따로 정리하지 않아도 모든 항목들이 자동 등록되니 편하다!) 이런 부분들은 본인이 하는 것이며, 미리미리 관리하지 않으면 의뢰를 하더라도 자료를 취합하고 정리하는데 꽤 많은 시간들이 추가적으로 소요되기 때문에 에너지와 시간이 낭비될 수 있다.

1인 기업이라 할지라도 분야마다 위임을 해야 하는 부분들이 있다. 나는 몸이 하나고, 한정된 시간과 에너지만을 가지고 있기 때문에 어떤 부분은 내가 직접하고, 어떤 부분은 전문가에게 위임할지 잘 판단해서 결정해야 한다. 나는 이런 세무적인 부분이나 디자인(로고 제작) 부분은 전문가에게 의뢰하는 편이다. 앞서 이야기했지만 세무적인 부분은 내가 하루 이틀 공부해서 세무사처럼 정보나 지식을 취득할 수 없는 영역이기 때문이다.

디자인 부분도 마찬가지이다. 물론 업체 선정은 내가 직접하고, 로고의 초안은 내가 제작했지만 전문가가 직접 전체적인 디테일을 살려서 로고를 제작하는 것은 일반 아마추어가 하는 것하고는 차원이 다르다. 자신이 미적 감각이 아주 뛰어나거나, 디자인 계통의 소질이 있는 게 아니라면 당연히 위임을 하는 것이 맞다.

위임을 해야 하는 영역으로 세무 영역과 디자인 부분을 사례로 들어 언급했는데, 여기서 중요한 핵심 포인트는 바로 내가 결정한다는 것이다. 우리 회사의 대표는 나 자신이다. 각 파트의 전문가를 찾아서 내가 원하는 정보를 요구하는 것, 그리고 그 최종결정 권한을 내가 갖는다는 것이 가장 중요한 포인트이다. 일을 맡기는 것이다. 내가 하면

한 달이 걸릴 수도 있는 일인데, 전문가에게 위임하면 하루 이틀이면 뚝딱 해낸다. 1인 기업가에게 가장 중요한 자원은 시간이기 때문에 우리는 비용을 지불해서 시간을 아껴야 한다. 그리고 이렇게 아낀 시간은 다시 나의 전문성을 키우는 영역인 나의 본업에 투자해야 한다.

TIPS

홈텍스 활용하기

하나의 카드로 사업에 필요한 비용을 처리했는데, 깜빡하고 홈텍스에 카드를 등록하지 않았다 하더라도 걱정할 것 없다. 해당 금융기관 홈페이지에 들어가 카드내역을 조회하면 엑셀로 자료를 받아볼 수 있다.

6장

예비 1인 기업가를 위한 10가지 질문

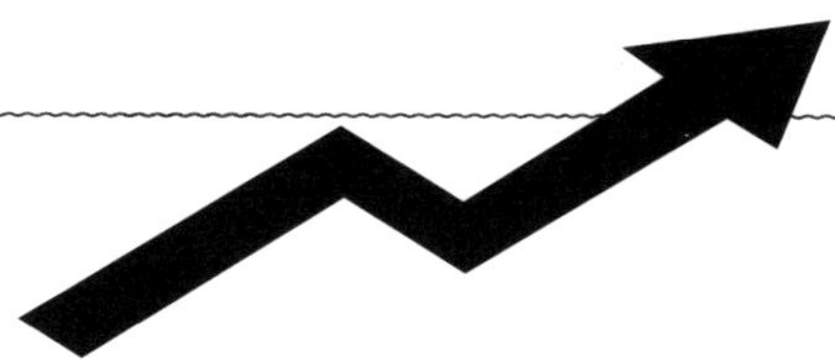

❶ 1인 기업을 시작한 계기는 무엇인가요?

한 마디로 말하면 "의식의 수준"이 변화했기 때문이다. 생각할 수 있는 시야가 넓어지고, 시선의 높이가 높아지고, 그 깊이가 깊어졌기 때문에 1인 기업을 시작할 수 있었다. 그렇다면 의식의 수준은 어떻게 변화할 수 있었을까?

다양한 계기가 있지만 가장 큰 중심은 "시간"과 "독서"의 절대량을 쌓았기 때문이다. 결론부터 말하자면, 1인 기업가가 된 결정적인 계기는 나를 위한 시간을 만들면서부터이다. 뭐든지 한 순간에 변하는 것은 없다. 겉보기에는 그렇게 보일 수도 있지만 사실은 이전부터 계속 1인 기업을 위한 콘텐츠, 내공, 마음가짐이 만들어지고 있었다.

[그림 14] 의식이 변하면 시선의 높이가 달라진다

어느 정도 절대량이 쌓여야 시작할 수 있는 일이기에 '1인 기업이라는 게 있어?' → '그럼 해야지!' 바로 이렇게 될 수는 없다. 사실 1인 기업가가 된 결정적인 계기는 나를 제대로 알아가게 되면서부터였다.

결혼 직후 3년 동안 나를 위한 시간을 충분히 만들었다. 매일 책을 읽고, 매일 글을 쓰면서 철저하게 나 자신에게 질문했던 시간이 있었기에 지금의 삶이 가능했다. '1인 기업가가 되어야지!'라는 생각보다도 사실은 내 인생에 대한 고민을 오랫동안 해왔다. '나는 누구인가?', '나는 어떻게 살아야 하는가?', '어떻게 살아야 나는 죽음 앞에서 후회가 없을까?', '가장 나다운 것은 어떤 삶일까?', '가장 나답게 살 수 있는 직업은 무엇일까?', '내가 좋아하는 일은 무엇인가?', '내가 잘하는 일은 무엇인가?', '현존하는 직업과 관계없이, 수익에 관계없이 내가 평생 해도 질리지 않고, 행복할 것 같은 일은 무엇인가?' 라고 끊임없이 자신에게 물었고, 글을 쓰며 생각을 정리했다. 나는 책을 읽는 시간이 좋았고, 책을 읽으며 돈을 벌 수 있는 직업을 갖기 원했다. 그러나 그러한 직업은 세상에 없었다. 그래서 그 직업을 만들었다. 그렇게 하나의 콘텐츠인 '질문독서 프로젝트' [내면의 정원 가꾸기]가 만들어졌다.

어떻게 하면 1인 기업가가 되지? 라고 단 한 번도 묻지 않았다. 다만, 어떻게 하면 내가 좋아하는 일을 실현할 수 있을까? 독서를 하며 다른 이들에게 유익을 줄 수 있는 방법은 무엇일까? 독서를 하며 돈을 벌 수 있는 업의 형태는 무엇이 있을까?라고 고민했고, 내가 하고 싶은 일을 표현할 수 있는 업의 형태인 1인 기업가를 선택할 수 있었다.

이러한 치열한 고민 없이 1인 기업가를 선택한다면 금방 포기할 가능성이 크다. 로망이라고 생각했던 일들이 현실이 되면 그 실상은 내가 생각해왔던 것과 전혀 다를 수도 있다는 사실을 알아야 한다. 좋아해서 시작한 일이 애증의 관계로 변할 수도 있고, 생각보다 녹록치 않은 현실과 더딘 성장 때문에 왜 이 일을 시작했을까 후회할 수도 있다. 눈앞에 보이는 것들이 전부라고 믿고 살아왔다면, 일정 기간 이상 버티며 눈에 보이지 않는 과정을 만들어내야 하는 이 업의 형태가 힘들 수밖에 없을 것이다. 그래서 나는 아무한테나 이 일을 권하지는 않는다. 본인의 삶에 대한 깊은 성찰과 고민 이후에 가장 나답게 살 수 있는 업의 형태가 1인 기업가이고, 본인이 좋아하는 일을 직업으로 실현시킬 수 있는 형태가 1인 기업가라는 확신이 들 때 도전하라고 이야기를 한다.

그렇게 3년 동안 나를 알아가고, 탐구하는 시간을 가지면서 내가 직접 미션을 하고 도전했던 일들이 하나씩 콘텐츠가 되었다. 나를 위한 시간을 만들기 위해 혼자서 목표를 설정하고 새벽기상을 했던 경험이 쌓여 미라클모닝 프로젝트 [아침의 정원 가꾸기]가 탄생했고, 3년 동안 매일 읽고 쓰며 내 생각과 관점이 어떻게 변하는지를 기록하며 생각의 힘을 키웠던 경험이 쌓여 질문독서 프로젝트가 만들어졌다. 이 과정들을 블로그에 기록해서 자기계발의 다양한 노하우와 방법들을 공유했더니 사람들이 많이 모이기 시작했고, 각종 질문 및 강연요청이 들어와 [블로그 글쓰기] 강좌가 만들어졌고, [시간관리 강좌]가 만들어졌다. 평범했던 한 사람이 블로그에 자체 개설 강좌를 열어 3년 넘게 지속적으로 유지하고, 더 많은 비즈니스모델과 다양한 일들을 하며 성장하는 모습을 지켜보던 사람들이 어떻게 그렇게 될 수 있었는지에 대해 묻기 시작했고, 나는 [퍼스널 브랜딩 강좌]와 [1인 기업가 강좌]를 개설해서 이 과정에 계신 분들에게 나의 경험을 나누었다.

비즈니스모델은 다른 게 아니었다. 나는 내 인생에 대해 고민했다. 시간이 조금 걸리더라도 확실히 '서지은화' 할 수 있는 일들을 고민했고, 도전했고, 시행착오를 겪으며 내 것으로 만들었다. 그리고 그것들은 모두 콘텐츠가 되었다.

나는 지금 책을 읽으며 돈을 번다. 책을 읽는 것이 나의 직업이 되었다. 절대 이루어질 수 없을 것만 같았던 일들이 가능한 시대가 온 것이다. 책을 읽으며 돈을 버는 것이 신기한가? 먹방(본인이 음식을 먹는 장면을 촬영해서 방송으로 보여주는 것)으로 억대 연봉을 받는 유튜버들도 있다. 먹기만 하는데도 돈을 버는 시대가 온 것이다. 먹는 것, 읽는 것, 꾸미는 것, 즐기는 것, 노는 것, 그 모든 것을 업으로 만들 수 있는 시대가 왔다. 무엇이든지 가능한 시대이다. 내가 좋아하는 일을 콘텐츠로 만들어 업으로 삼을 수 있는 시대가 온 것이다.

독서

내가 좋아하는 일을 콘텐츠로 만들어 직업을 만들 수 있는 시대가 왔다 하더라도 나의 의식이 변화되지 않으면 결국 그 시대는 남의 시대가 되고 만다. 새로운 돌파구를 만들어 성공하는 부류가 있기는 하지만 먼 나라 이야기라고 생각한다. 시도해볼 생각조차 하지 않기 때문에 우리는 내가 원하는 인생을 살 수 없었던 것이다. 나에 대해 투자할 수 있는 시간이 아무리 많아도 의식이 변화되지 않으면 결국 쳇바퀴만 돌게 된다. 결국 인식의 변화를 위해 독서는 필수적이다. 인풋 없이는 어떠한 아웃풋도 나올 수 없기 때문이다. 생각의 변화를 원한다면 그만큼 인풋을 해야 한다.

내가 좋아하는 일을 하며 살고 싶다는 생각, 그러나 현존하는 직업 중에 그러한 분야가 있을까? 없다면 내가 만들어보자. 1인 기업가는 어쩌면 혼자 일하는 업의 형태가 아니라, 없는 길도 만들어서 걸어갈 수 있는 사람들이 만들어낸 업의 형태가 아닐까 생각한다. 선택의 갈림길에서 방법을 찾아볼 것인지, 핑계를 찾아 포기할 것인지는 스스로가 선택해야 하는 몫이다. 그리고 나는 방법을 찾는 쪽을 선택했다. 1인 기업가의 삶은 거기서부터 시작했다. 핑계가 아니라 방법을 찾는 쪽을 선택하기까지 얼마나 많은 독서를 했을까? 30년 가까이 내 처지와 환경만을 탓하며, 스스로 한계를 정하며 살았던 내가 그 의식이 깨어지기까지 얼마나 많은 시간 동안 독서를 했을까? 평범한 삶의 프레임이 깨어지기까지 얼마나 많은 시간 동안 독서를 했을까?

정답은 알 수 없다. 대학시절 방학 때마다 도서관에 살 정도로 책을 좋아하던 다독가였고, 한 달에 한 번씩 아빠와 서점 데이트를 하는 날을 손꼽아 기다렸던 독서가였고, 가슴을 울리는 책은 세 번이고, 다섯 번이고 책이 찢어지고 너덜너덜해질 때까지 읽었던 재독가였다. 그 시간들이 쌓이고 쌓여 나도 모르는 사이에 의식이 변화되었던 것이다. 지극히 평범하고 평범한 사람이었지만 평범한 사람도 본인이 좋아하는 일을 직업으로 만들 수 있고, 서른하나의 나이에 테라스가 딸린 내 집 마련을 할 수도 있다는 것을 깨달았다. 그리고 하나씩 내 꿈을 이루기 시작했다. 얼마나 많은 책을 읽어야 의식이 변화되는지, 얼마나 많은 시간 동안 독서를 해야 삶이 변하는지 나는 알 수 없다. 그러나 내가 아는 확실한 것은 무엇이든 어느 경지에 도달하려면 절대량을 채워야 한다는 것이다.

어떻게 1인 기업가가 되었고, 이렇게 기업을 발전시킬 수 있었는지 정말 많은 분들이 나에게 물어본다. 다양한 방법들이 있었겠지만, 단한 줄로 요약하자면 이렇게 말씀드리고 싶다. "자기 삶의 주인이 되세요." 내 삶의 주인이 되지 못하면서 1인 기업을 하겠다는 것은 어불성설이다. 내 삶의 진정한 주인이 되어, 내 삶을 다스릴 수 있을 때, 그때 내 업을 다스릴 수 있게 된다. 그리고 그러한 결과로 나에게 주어지는 것이 시간적 자유, 경제적 자유이다.

나는 내 삶의 정체성을 찾는데 3년이 걸렸다. 그 시기 동안 나는 철저하게 혼자였다. 삶의 본질에 대한 질문은 사랑하는 남편, 가족, 친구, 그 누구도 대신해줄 수 없다. 오롯이 나 스스로 감당해야 하는 몫인 것이다. 그 시간 동안 나는 치열하게 고민했고, 끊임없이 질문했고, 사색하며 계속해서 나를 찾았다. 내 삶의 이유와 목적에 대해 질문하고, 어떻게 살아가야 할지 방향성에 대해 고민하던 나날들. 그리고 그렇게 살기 위해 내가 해야 하는 일은 무엇인지 자연스레 업에 대한 고민으로 연결되었던 시간들. 나는 그렇게 삶에 대한 정체성을 고민했고, 그 결과로 업의 정체성을 찾았다.

결코 짧지 않은 시간이었고, 그 무게감 또한 이루 말할 수 없었지만 이 시간이 단단하게 쌓여야 나만의 업을 만들 수 있고 이 일을 지속할 수 있다. 시작은 누구나 다 할 수 있다. 그러나 1인 기업가의 성패는 시작이 아니라 지속성에 있다는 것을 다시 한 번 생각해보자. 그러니 단시간에 답이 나오지 않는다고 너무 걱정하지 말자. 그 시간들이 켜켜이 쌓여 훗날 내 업의 단단한 자양분이 되어있을 것이다. 인위적으로 그 시기를 단축시키지 말고 즐겨보라. 지금은 뿌리를 내리는 시간이다.

❷ 불안하지 않으셨나요?

직장이 아니라 1인 기업을 선택한 결정에 대해 불안함은 없었는지에 대한 질문을 참 많이 받았다. 그리고 결론부터 말하자면 불안하지 않다. 오히려 불안함을 자주 느끼던 시기는 조직에 있을 때였다. '정규직이 될 수 있을까?'부터 시작해서 '연봉은 언제 오를까?' '언제 이직할 수 있을까?' '나는 언제까지 일할 수 있을까?'에 대한 생각을 매일 출근할 때마다 했던 것 같다. 불안했기 때문에 그 걱정이 끊이지 않았던 것 같다. 그러나 지금은 그런 걱정 자체를 하지 않는다. 이 업에 대한 프로세스를 알기 때문에 조급해하지도 않고, 미래를 걱정하지도 않는다.

보통 불안이라는 단어를 사용해서 질문을 할 때에는 수익에 관한 부분이 가장 클 것이다. 내가 좋아서 하는 일이건, 그렇지 않은 일이건 어쨌든 직장에 다니면 매월 정해진 날짜에 꼬박꼬박 월급은 들어온다. 하지만 1인 기업가의 삶은 매달 월급은커녕 당장 내일 일도 알 수 없기 때문에 미래를 예측할 수 없어서 불안하지 않느냐는 의미가 내포되어 있는 것이다. 그러나 돈 때문에 불안한 적은 없었다. 비정기적인 수익구조를 가지고 있지만, 그렇다고 마음이 조마조마하거나 두려웠던 적은 없었다.

사실 본격적으로 이 일을 시작하고 나서는 그런 감정을 느낄 겨를도 없었다. 30이 넘어 처음으로 내가 원하는 일을 시작했기 때문에 그러한 감정을 느낄 새가 없었다. 길을 걷다가도 아이디어가 떠올라서 음성녹음으로 아이디어를 녹음하고, 자다가도 아이디어가 떠올라서 벌떡벌떡 일어나 수첩에 메모를 하고, 샤워하다가도 아이디어가 떠올라 대충 물기를 닦고 나와 젖은 채로 수첩에 아이디어를 적던 일들이 비일비재했다. 불안함을 느꼈다면 결코 이러한 아이디어와 창의성은 발휘되지 못했을 것이다.

생각해보면 불안하다는 것은 무언가 비교대상이 있기 때문에 느끼게 되는 감정이라는 것을 알 수 있다. 남들은 다 대학에 가는데 나만 재수할 때 불안할 수 있고, 남들 다 취업했는데 나만 못했을 때 불안할 수 있다. 내 나이 또래 지인들이 다 결혼을 했는데 나만 못해서 불안할 수 있고, 집을 사지 못해서, 연봉이 차이가 나서 불안할 수 있다. 불안이라는 것은 무언가 비교할 대상이 있을 때 느끼는 감정이다.

그러나 내가 좋아하는 이 일을 시작하면서부터는 불안이라는 감정을 생각할 수 없게 되었다. 비교할 대상 자체가 없어진 것이다. 내가 하는 일은 내가 좋아서 하는 일이고, 얼마든지 내가 원하는 방향으로 발진시킬 수 있는 가능성이 있는 일이었다. 그러니 당연히 비교할 대상이 없다. 조직에 있었다면 함께 입사한 동기들보다 뒤처지면 불안하고, 승진시험에서 떨어지면 불안할 텐데 이 세계는 그런 것이 없었다. 다른 사람에게 집중하고, 기준점을 세워 그 기준에 도달하지 못할까 봐 불안해하는 감정 대신에 나에게 집중하고, 어떻게 하면 내가 가진 달란트를 활용해서 더 풍부한 것들을 만들어낼 수 있을까에 집중하는데도 24시간으로 부족했다.

1인 기업은 똑같은 출발선상에서 동일한 방향으로 경주를 하는 게임이 아니라, 10명이면 10개의 방향, 100명이면 100개의 방향이 생겨나는 업의 형태이다. 그렇기 때문에 비교할 대상도 없을뿐더러 속도도 모두 다르다. 그리고 그것을 이미 인지하고 있었기 때문에 그 무엇에도 불안해할 필요가 없었다.

아마 지금 직장에 다니는 분이 1인 기업에 대해 고민하고 있다면 당연히 불안하고 두려울 수 있다. 아직 경험해보지 못한 1인 기업가의 삶과 지금의 직장인의 삶이 많이 다를 거라는 막연한 걱정 때문에 불안감이 생길 수도 있는데, 이 역시 직장인의 삶과 비교했기 때문에 생기는 감정이다. 그러나 이 둘은 전혀 비교할 수 없는 대상이다. 직장인이라고 불안함이 없겠는가? 단점이 없겠는가? 1인 기업가도 마찬가지다. 어떤 업의 형태든 장점도 있고 단점도 있는 법이다. 미리 준비하고 대비해서 1인 기업을 시작한다면 그 단점을 최소화할 수 있을 것이다.

❸ 직장에서의 경험이 1인 기업 시작이나 창업에 도움이 되나요?

결론부터 말하자면 YES! 세상에 쓸모없는 경험은 없다더니 힘들었던 직장 생활이 1인 기업을 운영하는데 이렇게 도움이 될 줄은 꿈에도 상상하지 못했다(물론 1인 기업가가 될 거라고는 아예 상상도 못했지만).

조직생활의 경험이 있으면 큰 숲을 볼 수 있게 된다. 조직의 흐름, 시스템, 분기별로 처리해야 하는 일들, 사람들과의 다양한 관계와 특히 개인적으로는 예산을 세우고 관리하는 영역에 있어서 가장 큰 도움을 받았다. 부서예산을 맡아서 관리한 적이 있었는데, 한 해 예산을 세우고, 또 연말에는 결산을 하며 업무를 처리했던 경험이 1인 기업으로 가치성장연구소의 예산을 세우고 관리하는 데 많은 도움이 되었다. 법인카드는 어떻게 처리해야 하는지, 출장 여비는 어떻게 처리해야 하고, 비품 구입 시에는 어떤 영역으로 분류해야 하는지, 영수증 처리는 어떻게 해야 하며, 영수증이 분실되었을 때는 어떻게 해야 하는지 다양한 경험을 미리 해봤기 때문에 지금의 일을 보다 수월하게 진행할 수 있었다. 물론 모든 경험이 다 배움으로 작용하지는 않았지만, 조직에 있으면서 비효율적이었던 부분은 보완하고 개선해서 지금 하는 일에 적용하고 있다. 이렇게 업무를 개선해서 적용할 수 있었던 근본적인 이유는 직장 생활의 경험이 있었기 때문이다.

내가 직장인이었을 때 부서의 운영방법뿐만 아니라 특히 사람과의 관계도 참 많이 배웠다. 조직에서는 고객을 대하는 방법뿐만 아니라 직장 내에서도 다양한 인간관계를 배우게 된다. 직장상사를 대하는 법, 나보다 직급이 낮은 사람을 대하는 법, 그 사이의 관계에서 나의 입장을 오해 없이 전달하는 방법 등 "사람"에 관한 경험이 나에겐 정말 큰 자산이 되었다. 좀 더 구체적으로 말하자면 '사람을 보는 안목'이 생긴 것이다.

여러 사람과 함께 일을 하다 보면 다양한 상황에 직면하게 되고, 존경할만한 상사를 만나면 나도 저런 모습의 상사가 되고 싶어진다. 반대인 경우, 반면교사를 삼고 절대 저런 모습이 되지는 말아야지 하고 다짐하게 된다. 또 부서의 인력을 충원할 때도 도움이 된다. 임시직이든, 인턴이든 부서에 새로운 사람이 들어온다는 것은 생각보다 큰 의미를 갖는다. 그리고 그 사람이 부서의 방향이나 분위기에 어울리지 않을 경우 훨씬 더 큰 깨달음을 얻게 된다. 어떤 사람이 팀에 들어오느냐에 따라 팀의 분위기가 편해질 수도 있고, 불편해질 수도 있다는 것을 확실하게 느꼈던 사람으로서 직원 한 명 한 명을 정말 잘 뽑아야 하는구나라고 느낀 날이 참 많다. 더불어 그러한 경험을 하면서 나에게 맞는 팀원은 어떤 성향의 팀원이며, 채용을 할 때 어떤 부분들을 분명하게 제시해야 하는지 명확하게 깨달을 수 있었다. 나와 함께 일을 해서 성과를 내야 하는 관계이기 때문에 '사람 좋다'는 소리를 듣는 것보다 '일 잘한다', '팀워크가 잘 맞는다'는 소리를 듣는 것이 훨씬 좋다.

일도 일이지만 결국엔 인간관계가 정말 중요하다. 일에 집중하고 싶어도 틀어진 관계 때문에 업무에 집중할 수 없는 상황이든지, 아침마다 보기 싫은 사람 때문에 고통스러워하며 출근을 해야 하는 상황이라면 당연히 업무에도 악영향을 미칠 수밖에 없다.

나는 아직은 혼자 일하는 1인 기업가이지만, 추후에 협업을 하든지, 직원을 고용할 수도 있다. 그럴 때에 어떤 인재를 채용해야 하는지, 또 상사로서 어떤 점을 분명히 명시해야 하는지에 대해 미리 경험하고 배웠기 때문에 최소한의 하지 말아야 할 것들에 대한 기본적인 정보를 알고 있다는 것만으로도 큰 자산이 된다.

조직에 있으면서 다양한 경험을 하며 배웠던 점들이 참 많다. 그러니 아직 조직에 있는 분이라면 최대한 많이 배우자. 당장 1인 기업을 시작하라는 말이 아니다. 1인 기업도 철저한 준비가 필요하다. 대신에 '나는 3년 후에 내 사업을 할 거야!', '나는 5년 후를 목표로 내가 좋아하는 일을 하며 사는 1인 기업가가 될 거야!'라는 데드라인과 목표를 세워두면 신기하게도 회사생활이 훨씬 나아질 것이다. 그동안은 매일매일 스트레스 받으면서 '오늘도 또 회사 가는 날인가…', '주말은 언제 오나…' 이런 생각만 하며 살았다면, 본인 스스로의 독립 목표를 세워보자. 하루하루 시간이 지날수록 오히려 감사함을 느끼게 될 것이다. '더 많이 배우고 나가야지!' 하며 마음이 간절해지게 될 것이다. 부서에서 일어나는 모든 일들, 조직에 있으면서 겪는 모든 상황과 경험들은 혼자 사업을 일하면서 겪는 일에 비해 정말 감사한 수준의 일이다.

본인만의 독립 목표를 세웠다면 이제는 회사생활을 누리자. 다른 부서와의 인적네트워크도 미리 쌓아두고, 회사에서 제공하는 각종 복지와 교육의 혜택을 누리면서 내가 창업을 하게 되면 지금 다니는 회사처럼 조직을 운영할 수 있는지 생각해보고 부족한 점이 무엇인지 스스로 진단하고 보완하며 준비하자. 이 모든 것들은 시간적 여유가 있을 때 해야 하는 부분이다.

❹ 슬럼프에 빠졌을 때 어떻게 극복하셨나요?

1. 물속에 빠졌다면 몸에 힘을 빼는 것이 수면 위로 올라오는 가장 올바른 방법이다.

슬럼프에 빠졌다면 가장 깊숙한 곳으로 들어가라. 슬럼프가 왔을 때 오히려 나는 그냥 그 순간을 내버려둔다. 예전에는 그 슬럼프를 어떻게든 벗어나려고 발버둥 쳤는데 그럴수록 점점 더 깊은 곳으로 빠지기만 했다.

1인 기업 3년차인 나 역시 아직도 슬럼프가 올 때가 있다. 이것은 지극히 자연스러운 것이다. 내가 인간의 힘으로 슬럼프가 오지 않게 인위적으로 만들 수 있는 방법은 없다. 그러나 그동안의 경험으로 얻은 깨달음이 있다면 슬럼프를 예측할 수 있다는 점이다. 그리고 슬럼프를 막을 순 없어도 슬럼프에서 나오는 시간을 점점 더 짧게 줄일 수 있다는 것이다. 내가 이 두 가지에 대한 주도권을 쥐고 있기만 해도 마음이 훨씬 편해진다.

아이러니하게도 모든 것을 다 내려놓고 슬럼프의 가장 깊은 곳으로 들어가게 되면 저절로 나올 수 있게 된다. 마치 물속에 빠졌을 때 나오려고 발버둥치면 몸은 가라앉지만 몸에 힘을 빼면 자연스레 물 위로 몸이 뜨는 것과도 같다. 생각의 힘을 빼고 조급함을 내려놓는 연습을 해보자.

'잘 해야 해', '성공해야 해', '빨리 해내야 해.' 이런 마음이 계속되어 중압감이 쌓이면 일에도 능률이 오르지 않고 슬럼프에 빠진다. 중요한건 나의 페이스다. 우리는 단거리 경주가 아니라 장거리 경주를 하고 있다. 초반에 스퍼트를 내다가 얼마 시작도 못했는데, 지쳐 쓰러지는, 어리석은 일이 없도록 페이스를 잘 유지하는 것에 초점을 맞춰보자.

2. 낮에 햇볕 쬐기

사실 슬럼프에 빠지면 몸도 마음도 지쳐있는 상태이기 때문에 푹 쉬면서 몸과 마음에 영양분을 공급하고, 체력을 보충하는 것이 가장 좋은 방법이다. 왜냐하면 슬럼프는 우리의 몸과 마음과 영혼이 쉬고 싶다고 시그널을 보내온 것이기 때문이다. 이 시기에는 맛있는 것을 먹으면서, 보고 싶었던 영화를 보고, 공원에 나가 산책도 하면서 마음을 힐링하는 것이 좋다. 대신 무조건 밖으로 나가야 한다. 우울하고 힘들다고 집에만 있다 보면 그 굴레를 빠져나오지 못하고 슬럼프가 장기화될 가능성이 높기 때문이다.

그렇기 때문에 밖으로 나오는 것이다. 일단 햇볕을 쬐는 게 중요하다. 그리고 맛있는 음식을 먹고, 좋아하는 영화를 보면서 본인의 기분을 UP시켜주는 게 좋다. 이때, 일 생각은 되도록 자제하자. 할 수 있다면 쇼핑을 하는 것도 좋다. 여기서의 포인트는 본인이 좋아하는 일을 하면서 삶의 활력을 되찾는 데 있다. 삶의 활력을 되찾으면 슬럼프에서 벗어나는 것은 시간문제다.

이 영역에서 세 가지 주의할 점이 있다, 첫 번째는 일 생각을 하지 않는 것이고, 두 번째는 야행성 생활을 금지하는 것이고, 세 번째는 SNS를 자제하는 것이다.

사람은 밤에 감성적으로 변한다. 슬럼프에 빠져 밤늦게까지 걱정 다보면 새벽이 다 되어서야 잠들고, 당연히 다음날 정상적인 생활을 하기가 힘들다. 늦게 일어나면 오전시간을 허비했다는 생각에 죄책감만 더해진다. '나는 왜 이럴까' 하는 생각이 꼬리에 꼬리를 물게 되면 우울해지고, 무기력해지고, 더 나태해지는 악순환이 반복된다. 어떻게든 아침 생활을 하는 게 중요하다. 쇼핑을 하더라도 아침에 하고, 영화를 보더라도 조조영화를 보고, 맛있는 것을 먹더라도 밤에 나가는 게 아니라 아침에 나가서 브런치를 사먹자. 본인이 좋아하는 일들을 하면서 어떻게든 아침에 집 밖으로 나가는 것이 목표이다. 그렇게 하루를 보내고 들어와 저녁에는 여유로운 시간을 보내자. 반신욕을 하는 것도 좋고, 강아지와 뒹굴뒹굴하는 시간을 가져보는 것도 좋다. 하루를 내가 좋아하는 일로 가득 채운 당신의 저녁은 풍요로울 것이다. 그리고 아침부터 밖에 나가 생활했기 때문에 밤이 되면 당연히 잠이 오게 된다. 낮과 밤의 정상적인 사이클만 되찾아도 슬럼프 탈출의 80%는 성공이다!

특히 이 시기에는 디지털 기기를 조금은 멀리하는 게 좋다. 그 대신에 최대한 내 마음에 집중하고, 나를 위한 시간을 가져보자. 평소에는 아무렇지도 않았던 글들인데, 내 마음이 연약해져 있을 때에 SNS는 독이 된다. '다른 사람들은 잘 사는 것 같은데, 내 인생은 왜 이런가'부터 시작하면 비교는 끝이 없다. 시작은 SNS를 멀리하는 것이다.

눈 딱 감고 한번 해보자. 개인적으로 굉장히 효과가 컸던 슬럼프 탈출 비법이다.

3. 동기부여가 되는 나만의 매개체 만들기

어느 정도 힐링하는 시간을 갖고, 낮과 밤이 정상적으로 돌아오는 사이클이 만들어졌다면 이제 굳히기 작업을 할 때이다. 슬럼프 시기에는 그럴 의지가 없기 때문에 사실 이 작업은 평소에 해야 하는 작업이다. 평소에 인터넷을 하거나 SNS를 하면서 좋은 자극을 주거나 동기부여가 되는 글, 영상, 책 등을 수집하는 것이다. 그리고 그것을 하나의 형태로 모아둔다. 나의 경우 인스타를 할 때에도 강한 자극과 동기부여가 되는 피드가 있을 땐 어김없이 나만의 폴더로 저장을 해놓는다. [동기부여]라고 폴더명을 지정해놓고 좋은 문구나 명언을 봤을 땐 바로바로 스크랩 한다. 평소에 이 작업만 해놓으면 충분하다.

이 영역에서의 주의해야 할 점은 유입 루트를 하나로 통일시켜야 한다는 것이다. 나의 경우 인스타는 [동기부여] 저장폴더에, PC는 에버노트에 관련 사이트를 수집해놓는다. 여기서 포인트는 동기부여되는 영상을 찾는 데 시간을 들이는 게 아니라 미리 저장해놓았던 영상과 Text를 "보는 것"에 집중해야 한다.

이렇게 차곡차곡 모아둔 자료들은 나에게 좋은 자양분이 된다. 그리고 다시 시작할 한 스푼의 용기가 된다. 1, 2단계가 진행되지 않았다면 3단계의 동기부여는 독이 될 수도 있다. 비교 의식이 더 커질 수 있기 때문이다. 하지만 우리는 이미 1, 2단계를 통해 마음을 말랑하게 만들었고, 선한 동기부여와 자극제를 받아들일 준비를 마친 상태이다. 받아들일 준비가 되었을 때 나에게 선한 자극을 줄 수 있는 영상, 책, 명언 한 줄이면 충분하다.

나 역시 슬럼프를 겪을 때마다 찾게 되는 동기부여 책이 있다. 특히 이 책을 집필하면서 수많은 고비를 겪고, 수없이 많은 원고를 다시 쓰면서 나 자신과의 싸움에서 힘들 때면 내 손은 어김없이 책꽂이로 갔다. 처음 글쓰기와 책쓰기의 방법을 배울 때는 그에 관한 기술과 방법론에 대한 책을 읽었지만, 원고를 쓰다 힘이 들면 글쓰기에 대해 동기부여되는 책을 집어 들었다(글쓰기의 방법론과 글쓰기의 동기부여를 주는 책은 분야가 다르다. 보통 작가들의 에세이나 자서전을 봤던 것 같다.) 자주 읽던 책은 무라카미 하루키의 『직업으로서의 소설가』, 스티븐 킹의 『유혹하는 글쓰기』, 타니아 슐리의 『글쓰는 여자의 공간』, 김연수의 『소설가의 일』이었다. 익숙한 책장을 넘기며 작가의 삶에 빠져본다. 그리고 상상한다. 작가의 삶에 대한 에세이를 쓰는 날을. 분야마다 다르지만 글쓰기를 하며 슬럼프를 겪을 땐 이렇게 동기부여 루틴을 만들어 힘들 때마다 위로를 받고 자극을 받으며 천천히 앞으로 나아갔다.

4. 그밖에 도움이 되었던 것. 나만의 힐링 포인트 만들기

1인 기업가는 내가 원하는 일을 할 수 있는 사람이다. 그리고 사람에 따라 그 부분이 득으로 작용할 수도 있고, 독으로 작용할 수도 있다. 좋아하는 것이 업이 되었을 때 애증의 관계가 될 수도 있기 때문이다.

현명한 사람은 현실만 보는 것이 아니라 미래도 함께 내다본다. 슬럼프가 찾아왔을 때 내가 즐겨 했던 취미가 일이 되어버린 사람이라면 어떻게 스트레스를 풀어야 할까? 사실 아무리 좋아하는 일도 "업"이 되는 순간 그 본연의 즐거움이 사라지기 쉽다. "좋아하는 일을 하며 살아요.", "취미가 일이 되었어요."라고 말하는 분들은 사실 엄청난 내공의 대가들이다. 다행히 나는 내가 좋아하는 모든 일을 업으로 만들지는 않았다. 평소에 독서 이외에도 다양한 취미생활을 하며 독서가 업이 된 이후에도 여전히 다른 취미생활들을 유지하고 있다. 나는 피아노 치는 것을 좋아하고, 게임을 하는 것도 좋아한다. 영화를 보는 것도 좋아하고, 우리 집 강아지와 함께 노는 것도 힐링하는 시간이 된다.

좋아하는 일이 직업이 되었다면 잘 해야 한다. 그렇기에 어느 정도의 스트레스가 동반되는 것은 필연적이다. 하지만 취미라는 것은 잘 해야 한다는 부담감이 없다. 내가 그 순간 즐겁기 위해서 피아노를 치는 것이고, 머리를 식히기 위해 게임을 하는 것이다. 내가 피아니스트가 아니고 프로게이머가 아니기 때문에, 다시 말해서 이런 취미들은 나의 업이 아니기 때문에 가능한 일이다. 성과에 상관없이 부담 없이 즐길 수 있는 일들, 그러한 취미들이 있다면 슬럼프에서 벗어나는 좋은 탈출구가 될 수 있다.

5. 완벽하지 않아도 괜찮아

마지막 방법은, 바로 "토닥토닥" 기법이다. 내 마음을 토닥여주는 기법이다. 너무 완벽함을 추구하다 보니 남들과 비교하게 되고 그러다보니 나는 행복하지 않은 것 같아 슬럼프에 빠질 때가 있다. 그럴 땐 일종의 주문이 필요하다. 오히려 반대로 '완벽하지 않아도 괜찮아', '행복하지 않아도 괜찮아'라고 나 자신을 위로할 때 슬럼프에서 빠져나올 수 있다. 나도 모르게 드는 생각, 압박감과 조급함 등의 감정이 나 자신을 괴롭혀서 힘들다면 가끔은 이렇게 나를 풀어주는 것도 슬럼프를 극복하는 좋은 방법이 될 수 있다.

나 역시 완벽함을 추구하는 사람이었지만, 그 프레임에서 벗어나게 되면서부터 진정한 행복을 느낄 수 있었다. 완벽하지 않아도 괜찮고, 행복하지 않아도 괜찮다. 지금 있는 그대로의 나 자신을 사랑할 수 있고, 지금 이 모습도 내 삶의 일부분이라고 생각하니 왜 이렇게 닦달을 했는지 과거의 내가 안쓰럽기도 하고, 더욱 보듬어줘야겠다는 생각을 했다. 이 모습도 서지은이라는 인생의 한 조각이라고 생각하니 이 슬럼프 시기를 품어줄 수 있는 마음이 생겨났다. 내공은 이렇게 쌓는 것이다.

슬럼프라고 무조건 벗어나야 하는 것은 아니다. 힘든 시기라고 내 인생에서 억지로 눌러버린다면 내 인생 전체의 퍼즐에서 한 조각이 없어지는 것이다. 힘든 순간들이지만 그 한 조각도 소중한 내 삶의 일부분이다. 그리고 그 한 조각, 한 조각이 모여 아름다운 그림이 되고, 아름다운 인생이 되는 것이다. 그러니 지금이라도 스스로에게 말해보자. 셀프 토닥거림을 해보자. 완벽하지 않아도 괜찮다고. 지금도 충분히 잘하고 있다고 말이다.

❺ 브랜드 네이밍은 어떻게 만드셨나요?

이 질문을 받고나서 예전에 내가 사용하던 바인더를 찾아보았다. 그 안에는 가치성장연구소의 네이밍을 고민하던 시절의 기록이 고스란히 담겨 있었다. 어떤 네이밍이 좋을지 몇 달 동안 고민했던 흔적들이 바인더에 남아있었고, 당시 최종후보까지 올라갔던 다른 네이밍들도 그 당시의 플래너에 기록되어 있었다. 덕분에 아직도 그 시기가 생생하게 떠오른다.

본격적으로 좋아하는 일을 "직업"으로 만들어야겠다고 마음을 먹고 가장 먼저 한 일은 업의 철학을 정하는 일이었다. 그리고 얼마간의 시간이 지나고 나서 실행한 일이 바로 네이밍을 정하는 일이었다. 많은 시간 동안 고민했으며, 시간을 두고 찬찬히 진행했던 일이었다(일을 본격적으로 시작하다 보면 빠르게 결정해야 할 때가 있고, 천천히 시간을 들여 심사숙고해서 결정해야 하는 일이 있다. 그리고 이 두 가지 영역을 분별할 수 있는 안목을 갖는 게 정말 중요하다.)

1. 리얼와이(Real Why)를 잡아라

기업의 이름을 정하는 일은 굉장히 중요하다. 쉽게 변경할 수도 없으며, 한번 정해진 이미지가 거의 그대로 가기 때문에 빨리 네이밍을 만들기보다는, 한 번 정할 때 신중하게 정하는 것을 권하는 편이다. 본인이 앞으로 어떤 방향으로 나아가고 싶은지를 바탕으로 이름을 생각해야 하며, 앞으로 확장해나가고 싶은 비즈니스모델들도 함축할 수 있는 단어인지 생각하고 또 생각해야 하는 과정이다.

사람의 일은 어떻게 될지 아무도 모른다. 가볍게 시작했어도 몇 년 만에 굉장히 크게 성공하는 1인 기업가들도 많은 세상이다. 지금 당장 강의를 하고 있다고 [○○○강의], [○○○아카데미] 이런 식으로 지금 현재 하는 일에만 국한되어 네이밍을 만든다면, 추후 비즈니스모델이 확장되고 성장했을 때 의미가 맞지 않을 수 있다. 네이밍을 정할 때에는 멀리 봐야 한다. 그래서 최상위 가치가 중요하다. 내가 이 일을 왜 하는지, 어떠한 가치를 가지고 실행하고 있는지를 고민하고 질문하면 나만의 답이 나올 것이다.

2. 나만의 네이밍 만들기 방법

① 간결하고 심플하게 만들자

나의 경우 네이밍을 정할 때 이미 중복된 네이밍은 아닌지 확인하고, 발음하기 어렵거나 오해를 불러 일으킬만한 이중적인 의미는 없는지(특히 영어 네이밍일 경우) 확인하고, 비즈니스모델이 확장되어도 가능할 정도로 최상위에 있는 이름인지도 확인했다.

나는 가장 단순한 것이 가장 좋다고 생각하는 사람이다. 일을 할 때도 이러한 성향이 반영되지만, 특히 업의 네이밍을 정할 때에도 비본질적인 것과 쓸데없는 군더더기를 다 뺐다. 누군가가 [가치성장연구소]의 이름을 들었을 때, 한 번에 딱 뭐하는 기업인지 알 수 있게 하는 게 가장 좋다. 최악의 사례는 브랜드명을 말했을 때, '네? 뭐라구요?'라고 다시 반문하게 만드는 것이다. 그래서 이름을 정할 때, 헷갈리거나, 발음이 이상하거나, 이중적인 의미는 없는지 다시 생각해봐야 한다.

② 발산

시간은 오래 걸렸지만 우리 연구소의 브랜드명을 만든 단계는 사실 간단하다. 1단계는 발산하는 것이었고, 2단계는 응축하는 것이었다. 일단 내가 하는 일에 관련된 생각들과 아이디어들, 관련 키워드들을 모두 발산해서 기록했다. 일하는 주제와 관련된 것일 수도 있고, 내가 지향하는 가치관일 수도 있고, 미션이나 사명일 수도 있다. 느낌이나 온도, 삶의 태도 등의 많은 단어들이 나왔다. 좋은 아이디어를 만들고 싶다면 일단 많은 아이디어를 발산하는 것이 우선이다.

아이디어를 생산하기 위해 며칠 동안 계속 생각하고 또 생각했다. 1단계가 수월했던 이유는, 업의 철학을 바탕으로 이미 일을 하고 있었기 때문이다. 연구소 이름은 아직 없었지만 내가 왜 이 일을 해야 하는지 명확하게 알고 있었고, 어떤 방향으로 나아가야 할지 방향성에 대해서도 명확하게 인지하고 있었다. 그래서 연구소의 네이밍을 정하는 일도 수월하게 진행할 수 있었다.

③ 응축

며칠 동안 그렇게 생각나는 키워드들을 틈틈이 기록했고, 그 이후엔 발산된 수백 가지의 단어들을 한자리에 놓고 응축하는 시간을 가졌다. 100개에서 80개로 줄이고, 80개에서 50개로 줄이고, 또 30개로 줄이고, 또 줄이면서 진짜 엑기스만 남겨보자고 마음먹었다. 그렇게 본질에 다가가려고 노력했다.

처음에는 범위가 넓지만, 깔때기처럼 줄이고 줄이는 과정을 반복하다 보면 결국엔 엑기스만 남게 된다. 진액만 남게 된다.

그리고 가장 마지막에는 핵심만 남게 된다. 이렇게 응축을 통해 네이밍을 만드는 단계를 거치다 보면 이름만 정하는 게 아니라 업에 대한 정체성도 더욱 뚜렷해지고, 내가 앞으로 어떤 방향으로 일을 해야 하는지 방향까지 뚜렷해진다. 그래서 브랜드명은 대표 본인이 직접 고민하고 질문하며 만드는 것이 좋다. 이름도 짓고, 앞으로의 사업 진행 방향도 설정할 수 있으니 시간이 걸려도 꼭 스스로가 해야 하는 과정이다.

④ 질문으로 본질에 다가가기

행복, 리더(Leader, Reader), 내면, 견고함, 성장, 성숙, 가치, 도전, 나다움, 따뜻함, 뿌리 깊은 나무, 중심, 변화, 선한 영향력, 꿈.

마지막 남은 후보군의 단어를 두고 계속 질문을 했다. 내 업에 대해 끈질기게 질문하고, 또 질문하면서 놓치는 부분은 없는지 계속 확인했다. 사실, 이러한 질문법은 중요한 고민을 할 때 내가 자주 사용하는 방법이다. 스스로에게 질문하면서 본질에 다가가려고 여러 번 질문을 했다.

Q. 왜 시간관리 강의를 해?

A. 삶을 변화시키고자 노력하는 분들에게 도움을 드리고 싶어서

Q. 왜 그들을 도와주고 싶어?

A. 내가 먼저 그 길을 걸어봤기 때문에 얼마나 힘든지 잘 알기 때문에

Q. 단순히 그 이유는 아니지 않아?

A. 응, 맞아. 그것과 더불어 내가 좋아하는 일을 통해 사람들이 행복

해하고, 변화하고, 성장하는 모습을 보는 게 너무 좋아. 그럴 때 내가 살아있음을 느껴.

Q. 시간관리 강의의 궁극적인 목적이 뭐야?

A. 시작은 시간관리지만, 궁극적으로는 본인의 삶이 고귀하고 아름답고 특별한, 유일한 존재라는 것을 깨달았으면 좋겠어. 시간만 관리하는 사람이 아니라, 시간관리를 바탕으로 내 삶이 어떤 방향으로 움직이는지 깨닫고 그로 인해 스스로의 인생을 주도적으로 관리할 수 있는 인생의 주인이 되었으면 좋겠어. 근데 그러려면 가장 중요한 게 방향설정이야. 삶의 가치를 설정하고, 계속해서 그 방향으로 궤도를 맞춰나가는 것, 그게 바로 시간관리의 핵심이라고 생각해.

Q. 근데 시간관리 강의만 하는 거 아니지? 글쓰기 강의, 브랜딩 강의도 하는데 다른 강의에서도 같은 기분을 느껴?

A. 응! 맞아. 분야는 전혀 다른데 내가 자체 개설하는 강의들을 진행할 때마다 희열을 느껴! 이 일을 할 때마다 다른 사람을 성장시키는 동시에 내가 더 성장할 수 있어.

Q. 그럼 결국 같이 성장하는 거네?

A. 응 맞아. '나 - 멤버' 이러한 관계 속에서 함께 성장하는 과정을 추구해. 나만 성장하는 것도 아니고, 반대로 멤버만 성장시키면서 나는 말과 행동이 다른, 그런 사람 말고. 내가 성장하는 모습을 보여드리면서 내 삶으로 증명해내고 싶어. 그리고 그러한 삶의 태도와 과정을 바탕으로 누구나가 다 할 수 있다는 것을 보여드리고 싶어. 그리고 손을 내밀어서 같이 해보자고 말하는 리더가 되고 싶어.

결국 이렇게 스스로 질문하고 스스로 대답하는 형식으로 리얼와이를 물었고, 우리 연구소가 추구하는 본질에 다가갈 수 있었다. 그 질문 끝에 탄생한 브랜드명이 [가치성장연구소]이다. '삶의 가치를 높이는 분들을 위한 연구소'이자 리더와 멤버가 함께 성장하는 '같이 성장하는 연구소'의 의미도 내포하고 있는 연구소명이 탄생했다.

❻ 강의하는 장소(자체 개설 강좌)는 어떻게 검색하고 가격은 보통 어떻게 되나요?

나는 강연을 개설하기 전에 일정, 시간, 장소부터 확인하고 일을 진행한다. 모집은 되었는데 장소가 없는 것만큼 당황스러운 일도 없을 것이다. 나는 매주 서울에서 자체 개설 강좌를 진행하고 있고, 보통 강남, 신논현, 선릉 일대에서 수업을 한다. 그동안 수없이 많은 강연장을 대관해봤고, 그 경험을 바탕으로 이 질문에 대답을 하려 한다.

강남 일대엔 강연장과 세미나룸이 수없이 많지만 장소만 많은 것이 아니라 그 장소를 원하는 고객들 또한 무수히 많다. 미리미리 예약을 하지 않으면 내가 원하는 조건의 장소를 확보할 수 없게 된다. 수없이 많은 강연장을 이용해봤지만 역시 발품만큼 정확한 답은 없다.

강의의 특성에 따라 필요한 조건이 다르기 때문에 내 주제에 가장 잘 맞는 강연장은 내가 직접 발품을 팔아 직접 확인하는 게 좋다. 또한 원하는 조건을 충족시키는 강연장을 찾았을 때에는 장기계약을 하는 것도 하나의 방법이다.

개인적으로 내가 강연 장소를 선택하는 방법은 다음과 같다. 첫 번째, 나는 가장 먼저 강연장의 위치를 체크한다. 나는 지방에 살고 있고, 강의를 할 때마다 매번 서울로 올라가며, 매 수업 때마다 10kg 이상 되는 캐리어를 끌고 다닌다. 그 안에는 각종 실습지, 장비들, 간식, 수업에 필요한 도구들이 들어있다. 따라서 고속터미널역과 가까운 장소로 강연장을 찾는 편이다. 물론 강사의 편의이기도 하지만 참여자분들의 편의이기도 하다.

내 강의는 보통 강남 인근에서 진행되지만, 서울 분들만 참여하시는 게 아니다. 경기권에서 많이 오시고 대구, 포항, 부산, 광주와 순천, 가끔은 제주도에서 비행기를 타고 오시는 분들도 계시기 때문에 가급적 교통이 편한 강남 부근에서 수업을 개설하고 있다.

그리고 두 번째로 보는 사항은 역에서의 거리이다. 나는 지하철역에서 강연장까지의 거리를 중요하게 생각한다. 아무리 저렴하고 환경이 좋은 강연장이라도 언덕을 10분 올라가야 한다거나, 수많은 골목길을 지나야 한다면 찾아오시는 분들도 불편하지만 강의를 준비하는 강사 역시 불편하다. 왜냐하면 많은 참여자들이 길을 헤맬 가능성이 높아지고, 그렇게 되면 결국 위치 확인을 위해 강사에게 질문을 하며 서로 불편해지기 때문이다. 위치 때문에 수업에 늦는 분들이 생길 수도 있고, 그렇게 되면 수업 분위기에도 영향을 미치게 되기 때문에 강연장 대관은 가급적 역에서 가까운 곳을 선택하고 있다.

예전에 어떤 강의를 들으러 간 적이 있는데, 매우 헤맸던 적이 있다. 휴대폰으로 지도를 확인하며 갔음에도 불구하고, 골목을 여러 번 지나쳐야 했던 강연장의 위치 때문에 진땀을 뺐었다. 간신히 찾아 지도상의 위치에 도착했는데, 일반 강연장이 아니라 다세대주택이라 결국 담당자에게 전화를 해서 질문을 해야 할 수밖에 없었던 상황이었다. 알고 보니 주택을 사무실로 개조해서 사용하고 있던 강사분의 강의였는데 사전에 별다른 공지도 없었고, 입구에 사무실 명칭도 따로 기재되어 있지 않은 일반 주택 건물이라 함께 갔던 일행도 적잖이 당황했던 기억이 있다. 그나마 강의시간 전 여유 있게 출발을 해서 강의에 늦지는 않았는데, 늦게 도착하신 분들이 많았고, 하나같이 길을 헤매서 늦었다는 말이 들려왔다. 이런 일을 직접 겪고 보니 강연장 위치가 강의에 얼마나 영향을 미치는지 생각하게 되었다.

세 번째의 체크리스트는 가격이다. 당연히 좋은 환경에서 강의를 진행하고 싶은 게 강사의 욕심이지만 이미 책정된 예산 내에서 장소를 찾아야 하기에 같은 가격이라도 좋은 조건의 장소를 찾기 위해 매번 조사를 한다. 강연 장소를 알아볼 때에는 1인당 가격을 체크하고 빔프로젝트 구비사항을 체크하고, 인원대비 공간을 체크한다. 강남에 정말 저렴한 세미나룸이 많은데 보통 사람이 움직일 수 없을 정도의 공간을 대여하는 곳도 많다. 내 수업은 기본이 3시간 과정이고 길게는 6시간 과정의 수업도 있는데 너무 비좁은 곳에서 수업을 진행하다 보면 답답하게 느껴지기 때문에 계속해서 좋은 장소를 찾아보면서 강연장 정보를 업데이트 하고 있다.

가격을 알아볼 때에는 1인당 가격만 보는 것이 아니라 최소인원에 비례한 가격을 보는 게 올바른 방법이다. 1인 기준 1시간에 2000원의 강연장이라고 생각하면 거기에 끌리기 쉬운데, 올바른 계산법은 최소인원을 기준으로 가격을 책정하는 것이다. 왜냐하면 강연장을 대관할 때에는 크기에 따라 비용이 다르고, 1인당 대관비용의 기준이 있다 할지라도 실제 계산은 최소인원을 기준으로 이루어지기 때문에 1인당 금액은 사실 의미가 없다.

예를 들어 3시간 강연을 진행하는데 1시간 기준 1인당 2000원의 강의실을 대관한다고 계산해보자. 그리고 그 강의실은 최소인원이 20명이라고 하면 10명이 오든, 5명이 오든 강사는 12만 원의 강연장 대관료를 지불해야 한다. 1인당 2000원이면 가격 괜찮다고 생각할 것이 아니라, 최소인원 기준에 맞게 모집을 했을 때 적정한 가격이 되는 것이다.

이 부분만 비용을 부담하는 것이 아니라 추가비용이 있기 때문에 이 부분도 무시할 수 없다. 업체마다 다르겠지만, 빔프로젝트를 대여했을 때는 시간당 추가비용이 들어가고, 노트북이나 대형모니터를 대여할 때에도 시간당 추가비용이 들어가는 곳이 많다. 뿐만 아니라 요즘은 세미나룸이나 강연장에서 음료나 간단한 다과를 판매하는 곳들도 많기 때문에 이런 부분들까지 포함한다면 가격이 많이 상승하게 된다. 아무것도 모르고 시간당 2000원인 줄 알고 계약했다가 생각지도 못한 부분에서 추가비용이 더 들어가는 일이 없도록 미리미리 체크하자. 강연 장소를 알아볼 때에는 이러한 부분들까지 디테일하게 확인해서 금액에 문제가 없도록 해야 한다.

사실 자체 개설 강좌는 강사가 직접 참여자들을 모집을 하는 것이기 때문에 장소에 대한 부담이 있는 것이 사실이다. 10명이 참여할 수 있는 세미나실을 대관했는데 2명밖에 모집되지 않아도 그곳에서 진행을 할 수 밖에 없는 것이 현실이다. 같은 주제를 가지고 주기적으로 강의를 할 경우, 지난달에는 모집이 잘 될 수도 있지만 이번 달에는 모집이 잘 되지 않을 수도 있다. 그럴 때마다 모집이 잘 될 때는 좋은 강연장에서 진행하고, 모집이 안 될 때에는 상대적으로 시설이 열악한 곳에서 강연을 진행할 수도 없는 노릇이다. 그렇기 때문에 늘 이 사실을 염두에 두고 평균적인 곳을 선택하는 것이 이상적이다.

네 번째 체크리스트는 방음시설과 냉난방시설이다. 여기서 말하는 부분은 여름에는 시원한 냉방을, 겨울에는 따뜻한 난방에 대한 부분이 아니다. 냉난방 가동 여부는 당연히 기본적인 부분이고, 여기서는 냉난방으로 인해 발생할 수 있는 문제와 변수에 대한 것들이다.

보통 저렴한 가격대의 세미나룸에서는 이 부분이 제대로 관리가 되지 않는 경우가 생각보다 많다. 시설이 노후한 곳은 냉난방시설에서 소음이 발생할 수도 있고, 에어컨 실외기를 밖으로 빼야 해서 늘 창문을 열어놓아야 하는 강연장도 본 적이 있다. 강의 내내 창밖 골목길에서 들려오는 각종 소음은 강연에 대한 집중도를 상당히 떨어뜨릴 수 있다. 그리고 냉난방시설을 중앙에서 컨트롤 하는 경우도 생각보다 불편할 수 있다. 강의 도중 강사나 스태프가 리모콘으로 냉난방을 조절하는 것이 아니라 직원에게 직접 가서 말을 해야 한다면 당연히 불편할 수밖에 없고 강의 흐름이 깨진다. 냉난방을 사용하지 않아도 되는 봄, 가을에는 문제가 없겠지만 여름이나 겨울에는 꼭 체크를 해야 하는 부분이다.

다섯 번째 체크리스트는 화장실이다. 강연장을 선택하는 데 있어서 체크해야 할 사항들이 생각보다 많다. 그리고 고객만족은 디테일에서 결정이 된다. '강의만 좋으면 그만이지!'가 전부는 아니라는 것이다. 강의도 좋은데, 강연장 시설도 좋아야 금상첨화라 할 수 있다. 강의실은 몇 십 개가 있는 건물인데, 화장실이 굉장히 비좁다면, 휴식시간에 참여자들이 불편해진다. 기다리는 시간이 길어지면 수업시간의 딜레이로 이어지게 된다. 이런 부분은 미리 체크해서 불편함이 없도록 신경 쓰는 것이 좋다.

여섯 번째는 강연장의 개수이다. 강연을 하면 할수록 본질 이외에도 강연장의 디테일에 신경을 쓰게 된다. 아무리 좋은 강연장이라도 여분의 강연장이 없는 장소는 리스트에서 제외하는 편이다. 변수라는 것은 언제, 어디서 생길지 모르는 것이다. 단독 대관을 하면 조용하고 복잡하지 않은 시설에서 강의를 진행할 수 있겠지만, 만약 그 강연장에 문제가 생겼다면, 그리고 여분의 강연장이 없는 곳이라면 엄청난 문제가 된다. 강연장 입장에서야 환불을 해주면 그만이겠지만, 강의를 준비한 사람의 입장에서는 그렇지 않다. 내가 예약한 강연장의 빔프로젝트가 작동하지 않거나, 다른 문제가 생겼을 때 바로 다른 룸으로 이동해서 차질 없이 강연을 진행할 수 있을 정도의 규모를 가지고 있는 업체를 선정하는 이유가 거기에 있다.

문제는 얼마든지 생길 수 있다. 그러나 진짜 문제는 문제가 생긴 것 그 자체가 아니라, 문제를 해결할 수 없을 때 문제가 된다. 강의를 본업으로 하는 1인 기업가라면 당연히 이 부분까지도 체크해봐야 할 것이다.

강의 연차가 쌓이고, 다양한 강연장에서 강의를 하다 보니 강연 장소에 대한 욕심이 늘어난다. 그러나 위의 체크리스트를 모두 만족시키는 강연장은 거의 없을 것이다. 그래서 강의를 하다가 강연 장소 대관 사업에 직접 뛰어든 강사들을 종종 보게 된다. 여기서 중요한 것은 내가 하고 싶은 모든 리스트를 충족하는 강연장을 찾기보다는, '이것만은 포기할 수 없다'라고 생각하는 항목을 정해서 우선순위를 두고 체크해본다면 본인의 강의에 맞는 장소를 찾을 수 있을 것이다.

❼ 일상 블로그에서 비즈니스 블로그로 전환하신 걸로 알고 있는데 그 노하우는 무엇인가요?

나무는 계절이 지남에 따라 잎의 색깔, 형태가 달라진다. 그러나 계절이 바뀌어도 변하지 않는 부분이 있는데 그것은 바로 뿌리이다.

나 역시 가장 중요하게 생각하는 게 뿌리에 해당하는 부분이다. 처음에는 자기계발 블로거로 시작하다가 수익을 목적으로 하는 사업을 시작할 때, 그동안 내가 추구해온 가치와 일치하는 방향으로 시작했다. 자기계발 블로거로서 독서를 꾸준히 하고, 그 내용을 블로그에 기록했던 것처럼 지금까지 걸어온 길을 좀 더 확장해서 블로그에 기록한 것뿐이다.

블로그에 몇 년간 꾸준하게 서평을 올리다가 전혀 관계없는 옷을 판매하거나, 음식을 판매하는 게 아니라 같은 키워드로 지식과 정보, 노하우를 나눠주는 강의를 개설하게 된 것이다.

평범한 블로그를 운영하다가 유입률이 높아지면서 수익사업으로 전환하는 블로거가 꽤 많다. 이 자체는 별 문제가 아니지만, 그동안 블로거 자신이 추구했던 가치나 방향과 일치하지 않는 수익모델을 구축한다면 기존 구독자들이 탈구독할 확률이 높다. 따라서 블로그 포지션을 확장할 때에는 기존의 가치를 드러내는 방향으로 가면서 연관성이 높은 콘텐츠나 아이템을 선정하는 것이 좋다. 따라서 본인의 방향이나 가치와 부합하는 콘텐츠나 아이템을 선정하는 것이 좋고, 기존에 구독자들 반응이 좋았던 콘텐츠를 기준으로 사업을 시작해보자. 그랬을 때 오히려 기존 구독자들에게 환영받는 크리에이터가 될 수 있다.

❽ 가치성장연구소의 콘텐츠(시간관리, 독서, 글쓰기, 퍼스널 브랜딩, 블로그 글쓰기, 1인기업강좌 등)는 어떻게 만들어졌고, 어떻게 모객을 창출할 수 있었나요?

내 경우, 초기에는 일상 블로그를 꾸준히 했는데, 일반적인 일상만 공개하는 것이 아니라 다양한 정보와 지식을 전달하려 노력했다. 서평 등의 책 추천 카테고리가 인기가 많았고, 특히 시간관리 노하우를 알려주는 카테고리들도 꾸준하게 인기가 많았다. 원래부터 시간관리와 독서, 글쓰기에 관해 관심이 많았고, 꾸준하게 습관을 만드는 훈련을 하면서 다양한 노하우들이 쌓이기 시작했는데 그 과정을 올리고 다른 사람들과 정보를 공유했다. 시간관리에 효율적인 방법은 무엇이 있는지, 100일 동안 새벽기상을 하는 노하우는 무엇이었는지, 어떻게 하면 삶을 변화시키는 독서를 할 수 있는지, 이 모든 것을 포기하지 않고 수년간 꾸준하게 할 수 있는 지속력은 어디서 나오는지 등의 정보성 글을 많이 올렸다.

그랬더니 이 분야에 관심을 갖는 분들이 내 블로그를 꾸준하게 찾기 시작했고, 처음에는 댓글로 질문이 많이 들어와서 알려드렸다. 그러다가 메일로 질문이 와서 답변을 해드렸고, 카톡으로 해드리기도 했다. 몇몇 분들은 직접 만나서 독서노트나 시간관리 바인더(20공 바인더)를 보고 싶다며 질문이 들어왔고 그때부터 강의는 하지 않느냐는 질문이 들어오기 시작했다.

그 시기, 다양한 자기계발 모임에 참여하며 소소하게 팀을 이끌거나 이따금씩 요청이 들어오면 내가 아는 부분을 알려드리는 코칭을 하기도 했는데 이런 부분들이 결합되어 처음으로 블로그에 콘텐츠 개설(유료) 공지를 하고 첫 강의를 시작했다. 처음부터 사업을 목적으로 시작한 블로그가 아니었지만, 내가 좋아하고 연구하는 분야에 대한 정보를 나누다보니 자연스레 나와 같은 관심사를 가진 사람들이 블로그로 유입되었고, 포스팅이나 댓글로 충족되지 않는 정보를 강의로 듣고 싶어하는 수요가 있다는 것을 깨닫고 자체 개설 강의를 시작하게 되었다.

❾ 콘텐츠의 가격은 어떻게 정해야 할까요?

내가 하고자 하는 일이 있는데, 그 분야의 최초가 아니라면, 대부분 이미 형성되어 있는 시장가를 참고해야 한다. 그러나 여기서 중요한 건, 어떤 가격대를 형성하든 고객만족이 될 수 있는 기본적인 마인드를 파악하는 것이다. 그래서 내가 선택한 방법은 내가 책정한 시장가격보다 더 높은 가치를 전달하는 것이었다.

예를 들면 5만 원의 제품을 판매한다면, 5만 원에 맞춰서 제품을 제공하는 것이 아니라 10만 원 이상의 가치를 전달할 수 있는 제품을 만들어야 한다는 것이다. 눈에 보이는 제품이나 아이템일 경우, 기본적인 단가가 있기 때문에 불가능할 수 있으나 강의나 지식 콘텐츠를 전달하는 분야일 경우에는 가능하다. 5만 원의 강의라고 해서 딱 5만 원 어치의 정보만 제공하는 것이 아니라 50만 원 가치를 제공한다고 생각하면 된다. 어느 영역대든 시장은 존재한다. 무료강의든, 등록비 5만 원의 강의든, 50만 원, 심지어 1천만 원, 2천만 원의 강의도 존재하는 세상이다.

여기서 중요한 것은 50만 원의 강의를 개설했을 때 그 타겟의 핀포인트(pinpoint, 정밀조준점)를 잡아야 한다는 것이다. 50만 원의 강의를 개설하는데 무료강의를 듣고자 하는 사람들, 1만 원을 지불할 사람들, 2만 원을 지불할 사람들 모두 데려올 필요는 없다. 그럴 필요도 없고 그럴 수도 없다. 본인이 정한 범위 가격대 안의 고객들만 확보하면 된다.

무료강연을 할 것인지, 시장에서 형성된 가격보다 조금 저렴한 강의를 진행할 것인지, 가격대를 높여서 프리미엄 강연을 할 것인지 상관없이 어느 범위에나 고객은 있기 마련이다. 따라서 모든 범위가 고객이라 생각하지 말자. 고객의 범위는 명확하고 뾰족하게 핀포인트를 잡는 것이 핵심이다. 그리고 고객 타겟층을 분명하게 설정한 이후에 그 그룹에 맞는 콘텐츠의 가격을 설정하는 것이 가격을 정하는 나의 노하우이다.

⑩ 사무실을 구하는 노하우는 무엇인가요?

수년간 다양한 형태의 사무실에서 일을 했던 경험자로서 가장 먼저 추천하는 방법은 우선순위를 세우는 것이다. 사무실을 구할 때 누구나가 같은 마음일 것이다. 가급적이면 역에서 가까웠으면 좋겠고, 넓고, 쾌적했으면 좋겠고, 나만의 공간이 따로 있으면 더 좋고, 휴게공간이나 미니카페가 마련되어 있으면 좋겠다는 마음이 드는 게 사실이다.

그러나 가장 중요하게 고민해봐야 할 것은 본인의 자금력이다. 현재 내가 쓸 수 있는 범위 내에서 여러 조건들을 고려해야 한다. 그리고 대부분의 사무실은 1~2개월 단기로 사용할 수 있는 게 아니라 기본적으로 3개월~1년 단위로 계약을 하기 때문에 월 임대료가 50만 원이라 해도, 단순히 이번 달에 지불해야 할 50만 원에 대한 부담이 아니라, 계약한 1년 동안 매월 50만 원씩, 즉 연간 600만 원을 지불할 능력이 되는지를 먼저 고민해봐야 할 것이다.

형태에 따라 다르겠지만 현재 나의 경우 개인 오피스텔을 임대해서 월 임대료를 지불하고 있다. 이 경우 공유오피스가 아니기 때문에 사무실에서 사용하는 관리비를 추가적으로 지불하고 있으며, 사무실에 필요한 각종 사무용품이나 기기들(테이블, 의자, 프린터, 커피머신, 커피포트, 전자레인지 등)에 대한 비용들도 생각해야 한다.

비용에 대한 범위를 설정하는 게 가장 먼저 해야 하는 단계이고, 그 다음에는 여러 가지 체크리스트 중에서 우선순위를 정해야 한다. 대부분의 업무가 PC로 진행되는 분야라면 조용하고 몰입할 수 있는 독립된 공간이 있는 사무실을 찾는 편이 좋다. 강의를 많이 하는 분야라면 본인이 계약한 곳에 강연장으로 사용할 만한 공간이 있는지를 가장 먼저 체크해봐야 할 것이다. 그렇지 않으면 사무실에 대한 비용은 임대료대로 나가고, 강연장 대관은 또 다른 곳에서 비용을 지불해야 하는 이중고를 겪어야 될 수도 있다. 외부업체와 미팅이나 상담, 회의가 잦은 분야라면 회의실을 사용할 수 있는 사무실을 찾아야 할 것이다. 공유오피스는 보통 회의실이 마련되어 있으며 상주고객들에게 월 얼마간의 시간은 무료로 사용할 수 있도록 혜택을 주고, 기준 시간 이상은 따로 비용을 지불해야 하는 곳이 많으니 이 부분도 미리 체크해두면 좋다.

나는 지방에 살고 있는데, 공유오피스 자체가 얼마 없기 때문에 사실 선택의 폭이 굉장히 좁았다. 집 근처에는 공유오피스 자체가 없었기 때문에 집에서 1시간 거리의 공유오피스를 선택해서 출퇴근을 한 적이 있었는데, 서울이나 수도권, 혹은 광역시에 살고 있는 분이라면 가급적 거주지와의 물리적 거리도 우선순위에 포함시키는 것이 좋다. 1인 기업가에게 시간이 생명인데, 굳이 먼 곳에 있는 공유오피스를 선택할 이유는 전혀 없다.

현재 나는 1년간 사용했던 공유오피스를 떠나 개인 오피스텔을 임대해서 사무실로 사용하고 있다. 집에서 가까운 오피스텔을 임대했기 때문에 출퇴근 시간이 1/10로 확 줄어들었고, 고속터미널에서 도보 3분 거리에 위치한 장소이기 때문에 타 지역에서 오는 클라이언트나 고객사들에게도 굉장히 편리한 위치에 사무실이 있다.

정리하자면, 사무실은 본인의 업무 목적에 맞게 우선순위를 세운 뒤 찾아보는 것이 가장 좋다. 내가 제일 처음 사무실로 사용한 곳은 청주 대학가에 위치한 한 고시원이었다. 처음 일을 시작하고, 콘텐츠를 만드는 일에 집중했던 시기였기에 독립된 공간이 절실하게 필요했다. 창업을 이제 막 시작한 단계라 1년, 2년 계약이 부담스러워 단기로 계약할 수 있는 공간을 알아봤고, 고시원은 한 달(주단위로 계약이 가능한 곳도 있었다.) 단위로 계약이 가능했기 때문에, 부담 없이 첫 사업장으로 선택할 수 있었던 사무실 형태였다.

그 이후, 공유오피스로 이동한 까닭은 사업이 본격화되면서 강의와 회의가 많아졌고, 사무실뿐만 아니라 강의실과 회의실을 한 건물에서 이용할 수 있는 형태의 공간을 찾다보니 공유오피스를 선택하게 되었다. 당시 내가 이용한 공유오피스는 기본 계약기간이 3개월이었다.

그렇게 공유오피스를 계속 사용하다가 비즈니스가 안정권에 접어들고 이제는 1년 정도를 내다보고 사업을 할 수 있게 되면서 1년 계약을 하는 오피스텔을 임대해 가치성장연구소 사무실을 열었다. 이곳에서 컨설팅이나 미팅도 하고 모임이나 클래스를 열기도 한다. 또한 평소에는 글을 쓰거나 콘텐츠를 기획하거나 강의를 준비하는 시간이 많은데, 혼자 조용하게 몰입할 수 있는 개인 작업실로도 사용하고 있어서 만족도가 매우 높다.

이런 식으로 사무실을 구할 때는 본인의 자금력과 비용 대비 이용 공간, 집에서의 거리, 비즈니스 형태에 맞는 공간 등 본인만의 체크리스트를 정해서 우선순위를 잡는다면 최적의 사무실을 구할 수 있을 것이다.

Epilogue

1인 기업가에게 가장 필요한 것 하나만 꼽으라면 나는 주저 없이 '믿음'을 선택할 것이다. 1인 기업가로서 본인의 업을 지속적으로 성공시킬 수 있으려면 시간, 물질, 의지, 열정, 아이디어, 실행력, 추진력 등 필요한 요소들이 참 많다. 그러나 가장 중요한 것은 '믿음'이다. 나를 향한 믿음이 전제되어 있지 않으면 원하는 것을 얻을 수 없다.

내가 이 책을 내기까지 300번 넘게 도전할 수 있었던 이유는 믿음이 있었기 때문이다. 1번 시도해서 실패하면 그 실패로 끝나는 게 아니라 하나의 과정이 될 수 있다는 사실을 나는 알고 있었다. 그리고 그 과정이 쌓였을 때 나만의 절대량을 만들 수 있다는 것도 알고 있었다. 그래서 실패해도 포기하지 않았다. 책을 출간하는 것 자체가 목표가 아니라 이 과정을 만드는 것이 목표였다. 성공하든 실패하든 계속 경험을 쌓아서 세상을 바라보는 나의 시야가 높아지길 바랐다. 세상을 대하는 나의 시선이 깊어지길 바랐다. 그리고 책 출간을 앞두고 있는 지금, 그때를 돌아보면 그 목표를 이루기 위해서 겪었던 수많은 실패가 더없이 좋은 경험과 자산이 되었음을 깨달았다. 그리고 이러한 시선의 높이를 만들기 위해 가장 필요한 건, 나를 향한 믿음이라는 것도 알게 되었다.

인생을 변화시키는 것도 중요하고, 습관을 만드는 것도 중요하고, 행동을 변화시키는 것도 중요하지만 가장 기본적으로 내가 변화시켜야 하는 것은 내 생각이라는 것을 깨달았다. 그래서 읽고 쓰는 행위를 멈추지 않았다. 가만히 앉아서 아무것도 하지 않으면 내 생각이 변하지 않을 테니까.

믿음

이 책은 지식 크리에이터로서 1인 기업가가 살아가는 방법을 다룬 책이지만, 내 삶을 대하는 태도에 관한 책이기도 하다.

결국 중요한 건 내 생각과 의식의 방향을 바꾸는 것이었다. 이 과정을 통해 성장할 수 있다는 믿음, 실패해도 그게 끝이 아니라 또 하나의 경험을 갖게 된다는 믿음, 그리고 이 과정들이 쌓여 또 다른 아이디어와 도전으로 연결될 수 있다는 믿음, 이 과정들을 묵묵히 지속했을 때 나만의 무언가를 만들 수 있게 되리라는 믿음, 설령 그 무언가가 책이 아니라 할지라도 말이다. 묵묵히 만들어온 도전의 시간들과 밀도 있는 시간들이 합쳐지면 분명 여러분에게도 무언가가 만들어지게 될 것이다. 그것이 어떠한 형태가 될지 나는 모른다. 그러나 분명한 것은 그것을 부르는 이름은 하나라는 사실이다. 우리는 그것을 기회라 부른다.

이 책이 당신에게 용기라는 이름으로 다시 불리기를 바란다. 희망이라는 이름으로 다시 불리기를 원하고 믿음이라는 이름으로 다시 쓰여지길 바란다. 그래서 이 책의 마지막은 당신의 새로운 시작으로 마무리되길 바란다. 마지막 장을 덮고 끝나는 그저 그런 책이 아니라, 당신도 할 수 있다는 믿음이 생기는 책이 되길 바란다.

당신은 할 수 있다.
이미 모든 것은 당신 안에 존재한다.
이제 그것을 발견하는 여행을 시작하기만 하면 된다.

당신은 세상에 하나밖에 없는 특별한 존재이며
천하와도 바꿀 수 없는 존귀한 가치를 지닌 사람이다.
이미 그렇게 설계되어 이 땅에 태어났다.
그러니 지금까지 어떠한 삶을 살았든 지금부터 다시 시작해보자.
다 괜찮으니 지금부터 당신의 인생을 다시 써내려가자.

당신은 할 수 있다.

당신의 새로운 시작을 응원하고, 당신이 잘되기를 바라고, 당신이 성장하는 과정을 통해 또 하나의 선한 영향력이 전달되기를 간절히 기도하는 작가 서지은 씀.

지식 크리에이터로 사는 법
-1인 기업 라이프

발행일 1쇄 2019년 12월 30일
지은이 서지은
펴낸이 여국동

펴낸곳 도서출판 인간사랑
출판등록 1983. 1. 26. 제일-3호
주소 경기도 고양시 일산동구 백석로 108번길 60-5 2층
물류센타 경기도 고양시 일산동구 문원길 13-34(문봉동)
전화 031)901-8144(대표) | 031)907-2003(영업부)
팩스 031)905-5815
전자우편 igsr@naver.com
페이스북 http://www.facebook.com/igsrpub
블로그 http://blog.naver.com/igsr
인쇄 인성인쇄 **출력** 현대미디어 **종이** 세원지업사

ISBN 978-89-7418-827-6 03320

이 도서의 국립중앙도서관 출판시도서목록(CIP)은 서지정보유통지원시스템 홈페이지(http://seoji.nl.go.kr)와 국가자료공동목록시스템(http://www.nl.go.kr/kolisnet)에서 이용하실 수 있습니다.(CIP제어번호: CIP2019051121)